マンガでわかる場《ば》面《めん》緘《かん》黙《もく》

どうして声が出ないの？

金原洋治 監修

はやしみこ 著

かんもくネット 編

学苑社

はじめに

この本は、家ではよく話せるが学校や幼稚園・保育園などでは話せない場面緘黙の子どもの理解と支援を深めるために書かれた本です。

場面緘黙の正式な診断名である選択性緘黙は、０・２〜０・７％の子どもに見られますが、本人は困っていても、目立たず人に迷惑をかけないので発見が遅れ支援の開始が遅くなることも多いようです。周囲の理解と適切なサポートが大切ですが、医療関係者や教育関係者でも選択性緘黙や場面緘黙という名前自体を知らない人もいますので、一般の人は知らない人の方が圧倒的に多いと思います。知っていてもどのようにして関わったらよいかわからない方が多いと思います。医療や教育の分野でも専門家が少なく対応が遅れがちで、周囲の心ない対応に傷つき症状がひどくなったり長引いたりするケースもあります。

「かんもくネット」は、２００７年に設立され、インターネットでの情報提供や情報交換、本の出版や交流会などを続けています。２００８年には、親や経験者の体験談や支援の実例などをまとめた『場面緘黙Q&A—幼稚園や学校でおしゃべりできない子どもたち』（学苑社）を発行しました。本書の作者はやしみこさんは、場面緘黙だったお子さんを育てておられますが、「かんもくネット」の事務局メンバーのひとりとして場面緘黙の理解を深めるための活動を続けています。

はやしみこさんは、２０１１年に話したいのにことばが出ない少女を描いた日本で初めての場面緘黙の絵本『なっちゃんの声—学校で話せない子どもたちの理解のために』（学苑社）を出版しました。『なっちゃんの声』は、刊行後、多くの方に読まれたおかげで版を重ねており、子どもだけでなく、絶好の啓発書としての役割を果たしています。私は、『なっちゃんの声』の医学解説を担当させていただいた小児科医です。クリニックで臨床心理士と一緒に発達や心の問題の相談室を開設していますが、『なっちゃんの声』が出版されてから、場面緘黙の相談がかなり増えました。九州や四国など遠方からわざわざクリニックのある下関まで相談に来られる方もいます。外国にお住まいの方で、帰国の際に受診された方も数名います。「かんもくネット」の活動により場面緘黙ということばはかなり知られるようになったのですが、子どもにどのように関わったらよいかわからないで困っている保護者の方が多いのだと思います。

　場面緘黙の子どもの支援には根気と工夫が必要です。適切な支援が行なわれても、すぐに話せるようになるのではないのでご家族は焦ります。焦ると子どもを追いつめる結果を生むことが多いので、「超スモールステップ」での対応が必要です。この本の著者のはやしみこさんは、息子さんから「僕はどうして声が出ないの？」と泣きながら聞かれたとき、うまく答えることができず一緒に涙したそうです。そのとき「子どもがわかることばで、子どもの困難を説明してあげることができないだろうか」と考えたそうです。この本は、「声が出ない理由を子どもが納得し、希望をもって前に進んでほしい」という、場面緘黙の子どもをもつひとりの母親の願いが込められています。

　この本には、再びなっちゃんが登場します。子どもにも理解しやすいように、前半はマンガで描かれています。「なぜ声が出ないのか、どうすればよいのか」が具体的にわかりやすく説明されています。また、大人になった経験者が登場し、子どものときどのような工夫をしたのかが描かれていますので、子どもは勇気づけられると思います。後半は周囲の大人が、どのようにして支援を進めていけばよいのか、家や幼稚園や保育園や学校などさまざまな場面を想定して解説されています。近くに専門家が見つからなくても、適切な対応の手引きとなるでしょう。

　本書が多くの方に読まれ活用され、場面緘黙の子どもの理解と支援が深まることを願っています。

２０１３年７月

かねはら小児科院長　金原洋治

目次

どうして声が出ないの？

マンガでわかる
場面《ばめん》緘黙《かんもく》

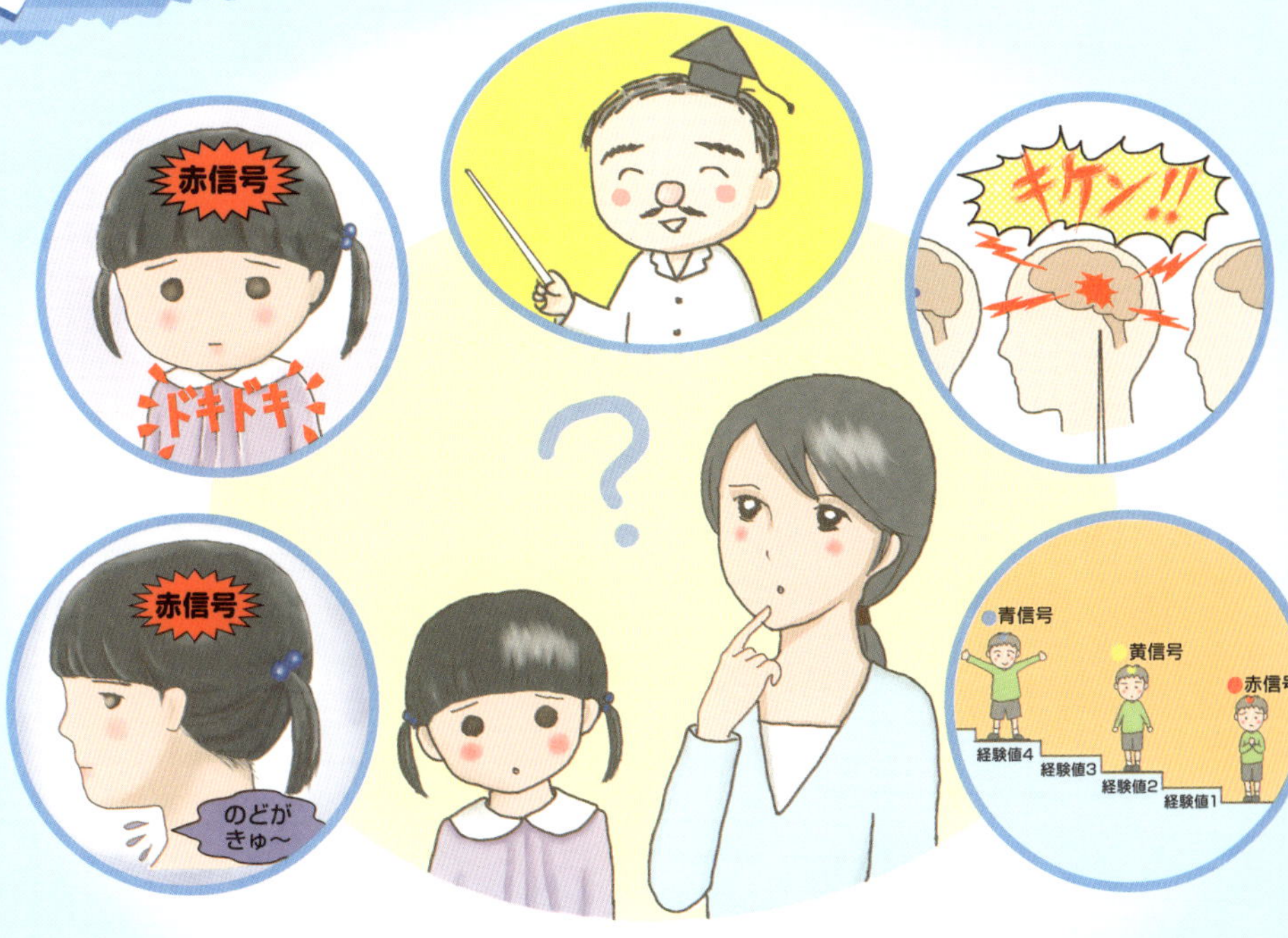

なっちゃんは おうちでは おしゃべり できるけど
おはよう
おはよう ございます
おそとでは おしゃべり できなく なってしまいます
……
もりくん
はい!
みんなみたいに お返《へん》事《じ》 したいのに……
どうして 声《こえ》が 出《で》ないのかなあ
わたしって もしかして 病《びょう》気《き》?

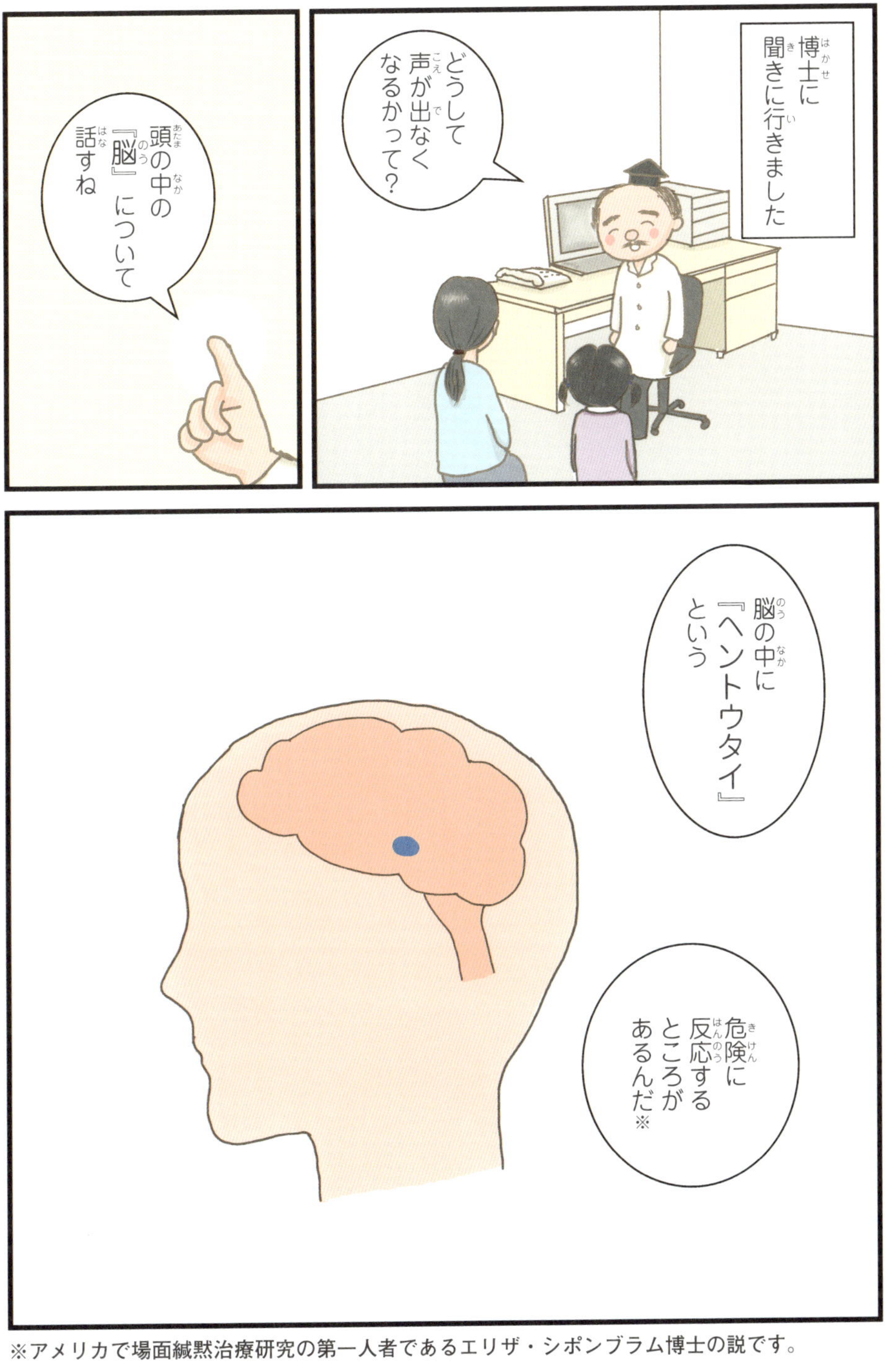
博士《はかせ》に聞《き》きに行《い》きました
どうして声《こえ》が出《で》なくなるかって？
頭《あたま》の中《なか》の『脳《のう》』について話《はな》すね
脳《のう》の中《なか》に『ヘントウタイ』という
危険《きけん》に反応《はんのう》するところがあるんだ※

※アメリカで場面緘黙治療研究の第一人者であるエリザ・シポンブラム博士の説です。

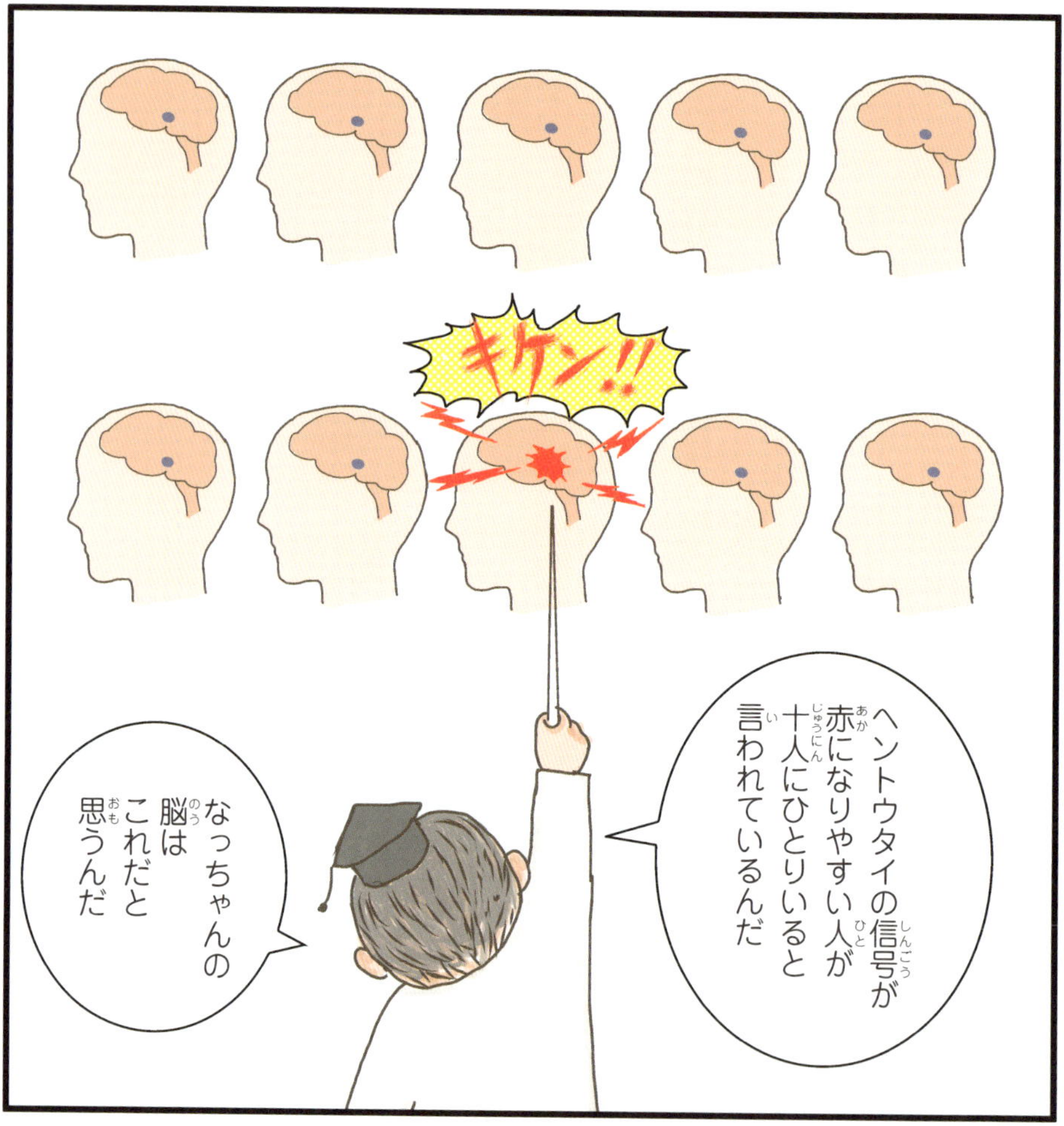
キケン!!
ヘントウタイの信号《しんごう》が赤《あか》になりやすい人《ひと》が十人《じゅうにん》にひとりいると言《い》われているんだ
なっちゃんの脳《のう》はこれだと思《おも》うんだ

ヘントウタイの信号《しんごう》が赤《あか》になりやすい脳《のう》は悪《わる》いわけじゃない
繊細《せんさい》で芸術的《げいじゅつてき》センスがある人《ひと》も多《おお》いんだ

だって
ヘントウタイが
青信号《あおしんごう》のままだと
命《いのち》があぶないんだ
青信号《あおしんごう》
へっちゃら
それに
生《い》きていく上《うえ》で
赤信号《あかしんごう》は
大事《だいじ》だよ
あぶない!
忍者《にんじゃ》だって
敵《てき》に見《み》つからないように
ヘントウタイが
敏感《びんかん》なんだ
赤信号《あかしんごう》
カサッ

なるほど

ヘントウタイが赤信号《あかしんごう》になると
赤信号《あかしんごう》
あぶない!
ワンッ! ワンッ!
危険《きけん》から身《み》を守《まも》るためにからだが反射的《はんしゃてき》に逃《に》げようとするんだ
こわい! にげろー!!
心臓《しんぞう》がドキドキからだもガクガクになってしまうんだ
こわかった〜
ドキドキ
ガクガク
ヘントウタイがいつも赤信号《あかしんごう》になると
からだの緊張状態《きんちょうじょうたい》が長《なが》くなるからつらいよね?
だから先《さき》のことまで不安《ふあん》に感《かん》じてしまうことがどうしても多《おお》くなってしまうんだ
ビクッ
あっ また敵《てき》が!
ビクッ
ああっ また!
こわいよ〜
敵《てき》がこの先《さき》もたくさんいそうな気《き》がする……

なっちゃんのヘントウタイは赤信号《あかしんごう》になりやすくて
人《ひと》の前《まえ》に出《で》るとドキドキするんだ
赤信号《あかしんごう》
ドキドキ
話《はな》そうとするともっともっとドキドキする
だから赤信号《あかしんごう》がつかないために話《はな》さないでいることが習慣《しゅうかん》になってしまうんだ

なっちゃんは話《はな》したいのになぜか声《こえ》が出《で》ないんだね
赤信号《あかしんごう》
話《はな》そうとするとドキドキ赤信号《あかしんごう》がついてのどがぎゅーとなってるのかもしれないね
のどがぎゅー

あの……
赤信号《あかしんごう》になりやすいヘントウタイって生《う》まれつきなんでしょうか？
そうだね～
シュン……
(＿ ＿。)...

だいじょうぶ！赤信号《あかしんごう》になりにくくする方法《ほうほう》はあるんだよ
それは経験値《けいけんち》をあげることなんだ！
なっちゃんはゲームをやるかい？
コクン
じゃあ経験値《けいけんち》は知《し》ってるね？

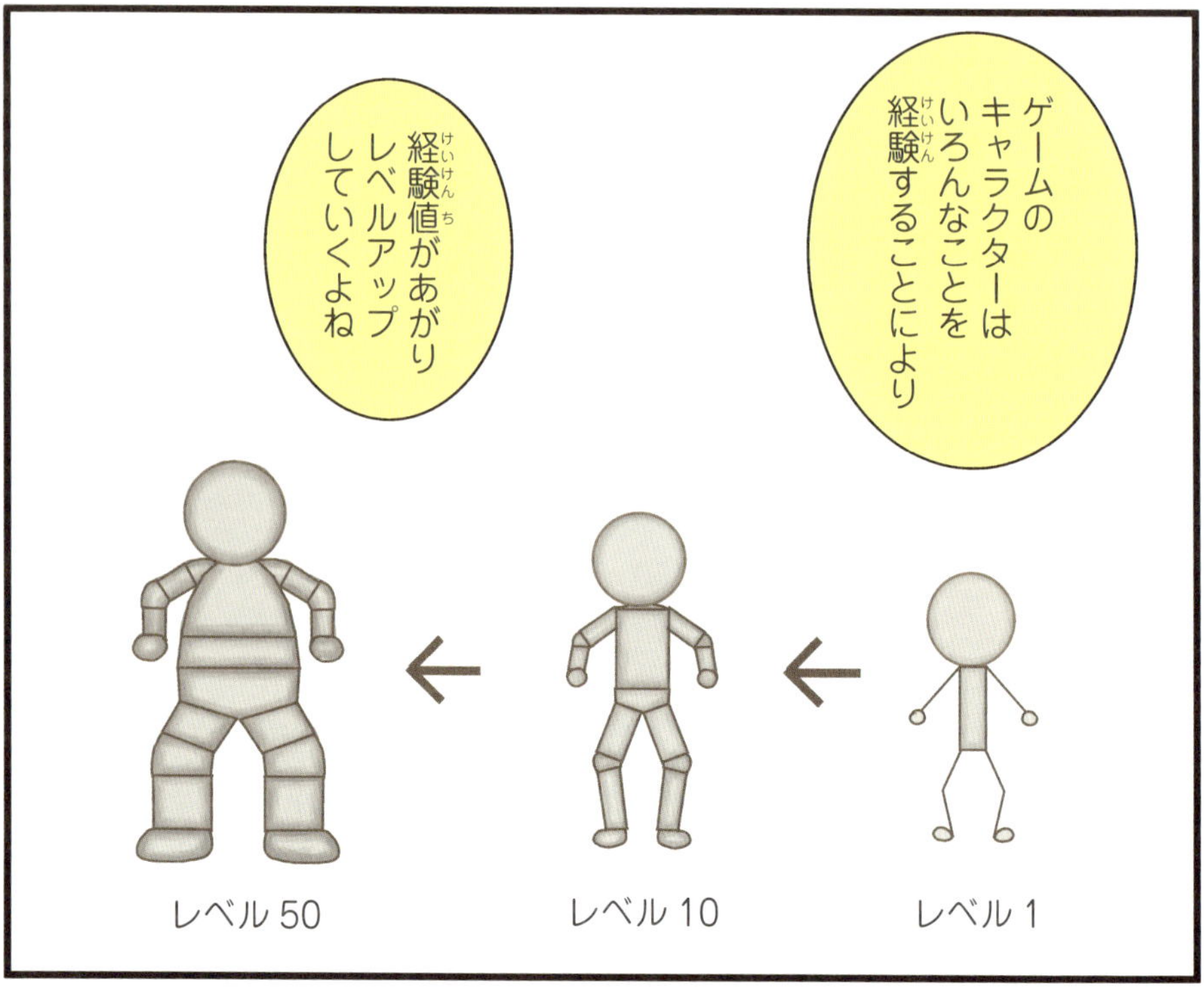
ゲームのキャラクターはいろんなことを経験《けいけん》することにより
経験値《けいけんち》があがりレベルアップしていくよね
レベル1
レベル10
レベル50

人間《にんげん》も同《おな》じで経験値《けいけんち》があがって成長《せいちょう》すると
赤信号《あかしんごう》
黄信号《きしんごう》
青信号《あおしんごう》
赤信号《あかしんごう》になりにくくなるんだ
経験値《けいけんち》1
経験値《けいけんち》2
経験値《けいけんち》3
経験値《けいけんち》4
経験値《けいけんち》5
経験値《けいけんち》6
7

なっちゃんにとって
まずは
赤信号《あかしんごう》を
減《へ》らすために
経験《けいけん》値《ち》を
あげることが
大切《たいせつ》なんだ
赤信号《あかしんごう》
験値5
経験《けいけん》値《ち》4
経験《けいけん》値《ち》3
経験《けいけん》値《ち》2
経験《けいけん》値《ち》1

赤信号《あかしんごう》が減《へ》ったら
ドキドキや
のどがぎゅーや
こわいことも
少《すく》なくなって
いくからね
黄信号《きしんごう》
7
経験《けいけん》値《ち》6
経験《けいけん》値《ち》5
経験《けいけん》値《ち》4
経験《けいけん》値《ち》3
経験《けいけん》値《ち》2
経験《けいけん》値《ち》1

経験値《けいけんち》って実際《じっさい》どうやってあげていくのかな？
先輩《せんぱい》たちにきいてみよう
先輩《せんぱい》たちって？
子《こ》どものころ話《はな》せなかった人《ひと》はたくさんいるんだよ
どの学校《がっこう》にもひとりかふたりいると言《い》われているんだ
なっちゃんだけじゃないんだよ

そうなんだ
ホッ
わたしだけじゃ
ないんだ

白《しら》井《い》さん
この人《ひと》の
体《たい》験《けん》を
読《よ》むね

わたしは まず 自《じ》分《ぶん》のことを 知《し》るために
空白は、状態にあわせておうちの人と考えましょう。
学校外での行動（ことば）
1〜5
学校での行動（ことば）
おうちの人に（おやすみ）とあいさつするのは？（「おやすみ」「おはよう」「ありがとう」など） 1
おじいちゃんおばあちゃんに（ありがとう）とあいさつするのは？ 2
（さいとう）さん（くん）と電話で話すのは？ 5
スーパーやコンビニで（レシートいりません）と言うのは？（「レシートはいりません」「ふくろはいりません」など） 4
2
3
5
学校のお友達に（おはよう）とあいさつするのは？（「おはよう」「バイバイ」など）
休み時間に（さいとう）さん（くん）と話すのは
家で音読して、録画したものを先生に見てもら
放課後の教室で、おうちの人となぞなぞしてあそ
いろんな場《ば》面《めん》の 不《ふ》安《あん》度《ど》を つけていったの
この本の28ページ〜31ページを見てね
そして 不《ふ》安《あん》レベル2と3の 行《こう》動《どう》を たくさんやって
ドキ
ドキ
電《でん》話《わ》にチャレンジ
ひとりで電《でん》車《しゃ》
あたためてください
コンビニで買《か》い物《もの》
経《けい》験《けん》値《ち》を あげていったのよ

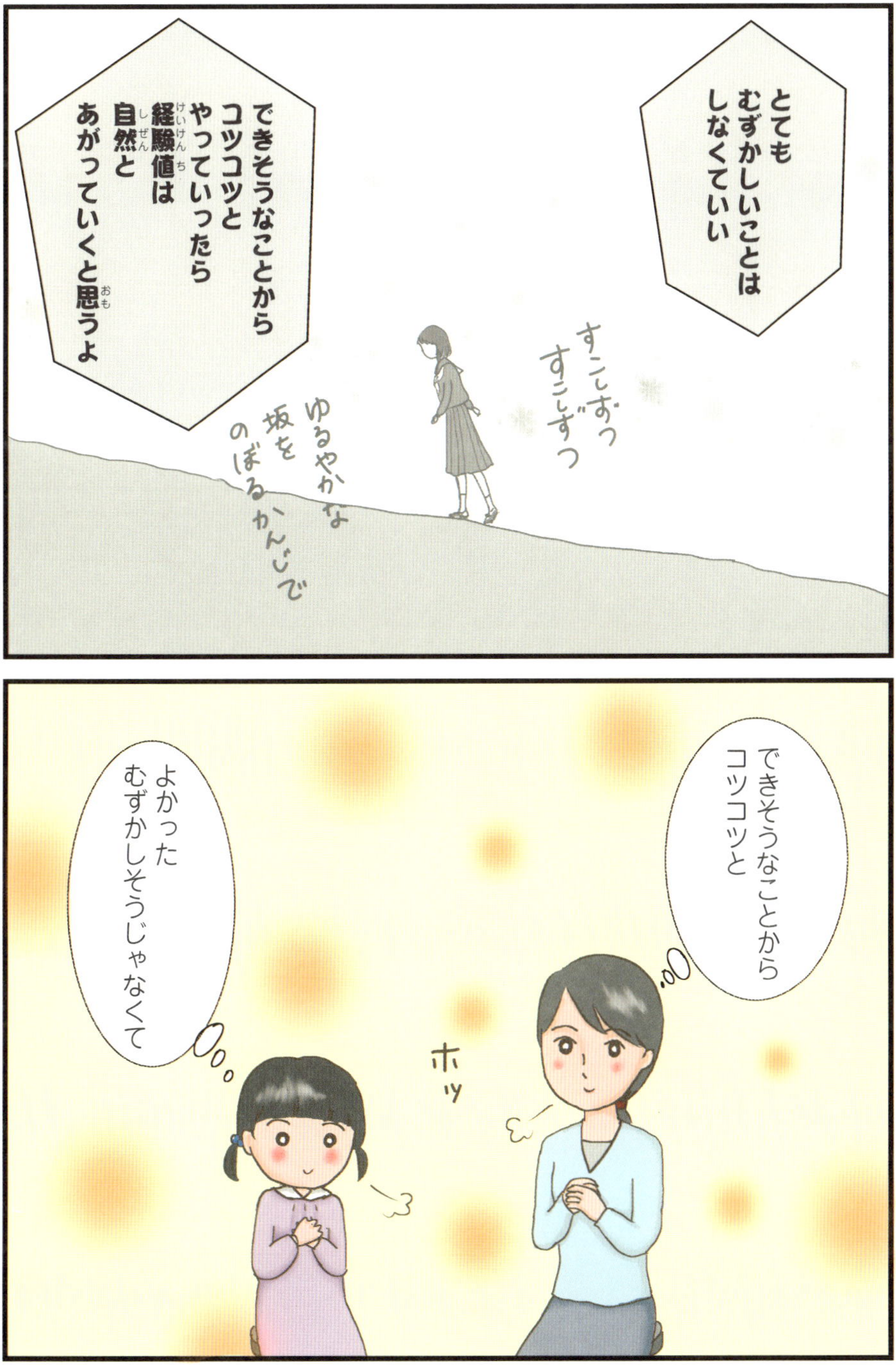
とてもむずかしいことはしなくていい
できそうなことからコツコツとやっていったら経験値《けいけんち》は自然《しぜん》とあがっていくと思《おも》うよ
すこしずつすこしずつ
ゆるやかな坂をのぼるかんじで
できそうなことからコツコツと
ホッ
よかったむずかしそうじゃなくて

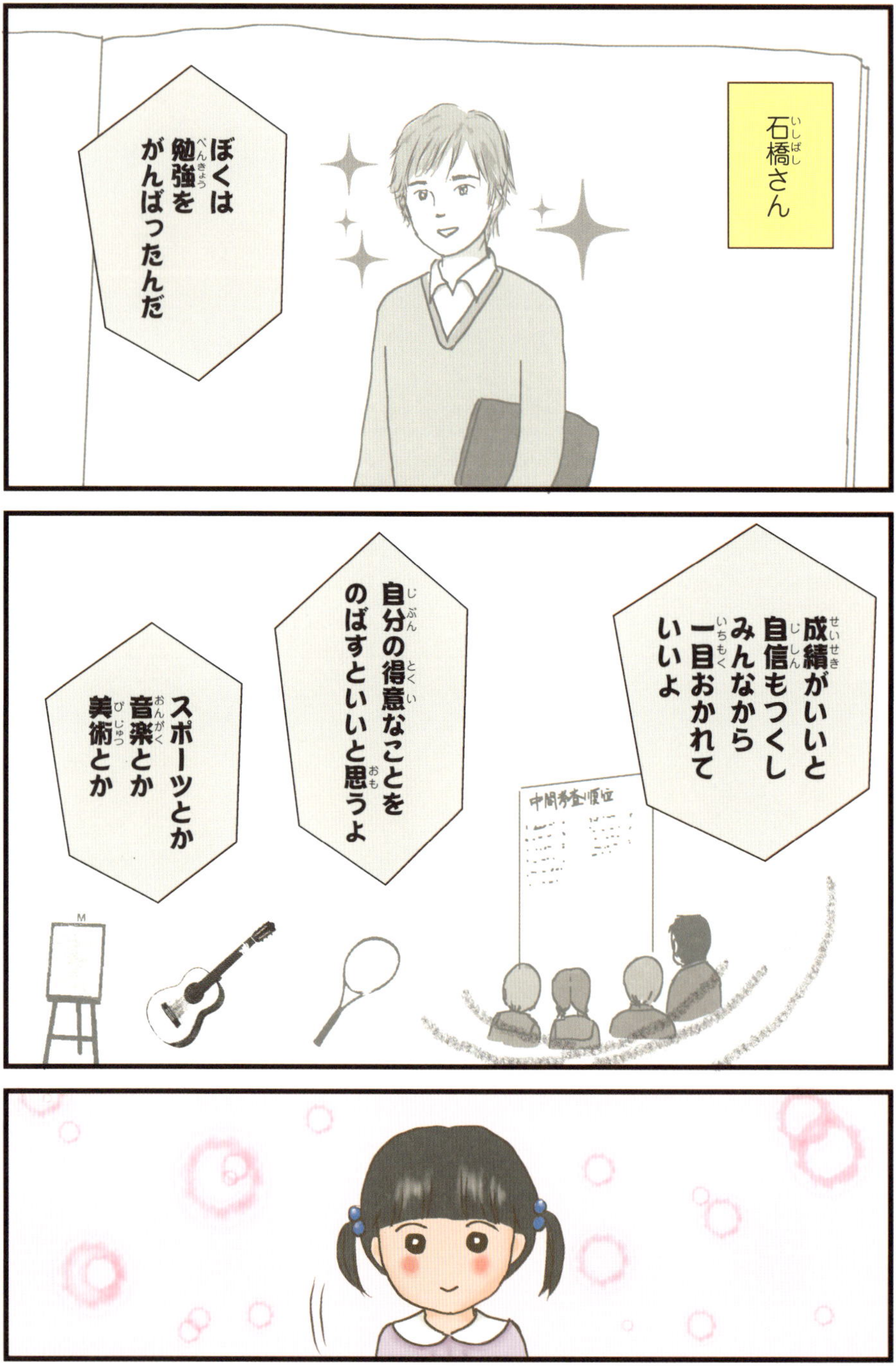
石橋《いしばし》さん
ぼくは勉強《べんきょう》をがんばったんだ
成績《せいせき》がいいと自信《じしん》もつくしみんなから一目《いちもく》おかれていいよ
自分《じぶん》の得意《とくい》なことをのばすといいと思《おも》うよ
スポーツとか音楽《おんがく》とか美術《びじゅつ》とか

神田《かんだ》さん
わたしは小学生《しょうがくせい》のころ話《はな》せなかったけど
ひとり友《とも》だちができたの
その友《とも》だちと話《はな》せるようになって
そしてその子《こ》を中心《ちゅうしん》に少《すこ》しずつ友《とも》だちの輪《わ》が広《ひろ》がっていったの
先生《せんせい》とも交換日記《こうかんにっき》をしてもらっていたの

友《とも》だちや先生《せんせい》のおかげで学校《がっこう》生活《せいかつ》が楽《たの》しかったわ
あなたにもきっといい出《で》会《あ》いが待《ま》っているよ
チーズ
6-1 中川
6-1 神田

前野《まえの》さん
わたしは今《いま》大学院《だいがくいん》で勉強《べんきょう》しているの
わたしは小学生《しょうがくせい》のころ話《はな》すことができなかった
そんな自分《じぶん》の経験《けいけん》をいかしたいと思《おも》って専門家《せんもんか》といっしょに研究《けんきゅう》しているのよ

すごい……
研究《けんきゅう》している人《ひと》もいるんだ
わたしの夢《ゆめ》はひとりでも多《おお》くの「話《はな》せない子《こ》ども」を救《すく》うことなの
人《ひと》は夢《ゆめ》や目標《もくひょう》をもつと強《つよ》くなれます
あなたもぜひ夢《ゆめ》や目標《もくひょう》をもってね

今日《きょう》はいいお話《はなし》が聞《き》けてほんとよかった
ねっ！なっちゃん
なっちゃんにはちょっぴりむずかしかったけど
うん！
からだの内側《うちがわ》から力《ちから》がわいてくるのを感《かん》じました

おかあさん 家《いえ》まで 競争《きょうそう》しよう
パッ
えっ！
先輩《せんぱい》たちの姿《すがた》に
まってー なっちゃん
なっちゃんは 希望《きぼう》を感《かん》じました

話《はな》すことがむずかしいあなたへ

『どうして声《こえ》が出《で》ないの？』をよんでくれてありがとう。どうして声《こえ》が出《で》にくいのか？　どうしてドキドキしやすいのか？　なんとなく、りかいできたでしょうか？

おはなしの中《なか》で、子《こ》どものころ話《はな》せなかった人《ひと》が出《で》てきました。家《いえ》ではふつうに話《はな》せるのに、外《そと》で声《こえ》を出《だ》せないことがある人《ひと》が、どの学校《がっこう》にもひとりかふたりいると言《い》われています。めずらしいことではありません。これから経験値（けいけんち）をあげていけば、かならずあなたは、本当《ほんとう》の力《ちから》を外《そと》でも出《だ》せるようになります。

経験値（けいけんち）をあげるには、どうすればよいでしょうか？

まず、じぶんのじょうたいをしることからはじめましょう。つぎのページにある『どきどき不安《ふあん》きんちょう度《ど》チェックシート』に、かきこんでみてください。自分《じぶん》の不安《ふあん》レベルを知《し》ることは、とてもたいせつなことです。かきこむところがたくさんあるので、何回《なんかい》かにわけてかきこんでいいです。よくわからないところは、とばしましょう。

表《ひょう》にかきこんだらかぞくに見《み》せて、そうだんしてみてください。チャレンジの内容《ないよう》はかならず、不安《ふあん》レベルのひくいものからはじめます。まわりの人《ひと》にきょうりょくしてもらいましょう。

チャレンジを重《かさ》ねていくうちに、できることがすこしずつふえていきます。この方法《ほうほう》で話《はな》せるようになった人《ひと》が、たくさんいます。

はやしみこ

どきどき不安《ふあん》きんちょう度《ど》をつけてみましょう！

年　　月　　日（　　才　　ヶ月）

自分《じぶん》のじょうたいをチェックするのは、自分《じぶん》にも、そして
まわりの人《ひと》にもやくにたちます。
おおまかな場面《ばめん》の行動《こうどう》から不安《ふあん》きんちょう度《ど》をつけてみましょう。

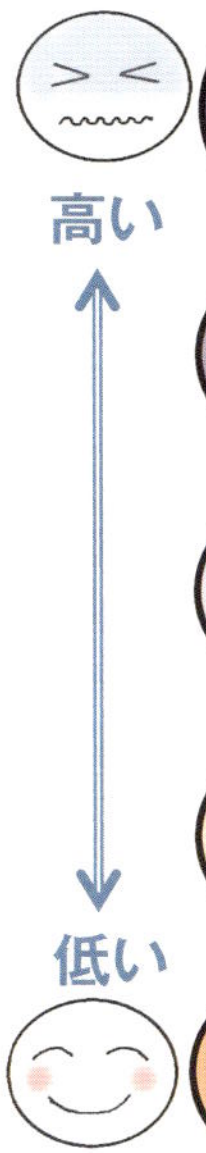

5　レベル５　ものすごくこわい　ものすごくきんちょう

4　レベル４　かなりこわい　かなりきんちょう

3　レベル３　すこしこわい　すこしきんちょう

2　レベル２　ふつう

1　レベル１　らくちん

行《こう》　動《どう》	1～5
（例《れい》）おうちであそぶ	1
おうちでひとりで留守番《るすばん》	
おふろにはいる	
おうちのトイレに行《い》く	
おうちでねる	
朝《あさ》、学校《がっこう》へ行《い》く	
学校《がっこう》のトイレに行《い》く	
給食《きゅうしょく》を食《た》べる	
習《なら》い事《ごと》に行《い》く	

もう少しくわしくつけてみましょう！

空白《くうはく》は、状態《じょうたい》にあわせておうちの人《ひと》と考《かんが》えましょう。

1 らくちん　2 ふつう　3 すこしこわい すこしきんちょう　4 かなりこわい かなりきんちょう　5 ものすごくこわい ものすごくきんちょう

学校外《がっこうがい》での行動《こうどう》（動作《どうさ》）	1～5	学校《がっこう》での行動《こうどう》（動作《どうさ》）	1～5
おうちで（　　　　）さん（くん）とあそぶのは？		朝《あさ》、教室《きょうしつ》に入《はい》るときは？	
こうえんで（　　　　）さん（くん）とあそぶのは？		れんらくちょうを先生《せんせい》のつくえの上《うえ》に出《だ》すのは？	
スーパーやコンビニで買《か》うとき、お金《かね》をわたすのは？		休《やす》み時間《じかん》にトイレに行《い》くのは？	
お店《みせ》でゆびさしでちゅうもんするのは？		（　　　　）のじゅぎょうで黒板《こくばん》に書《か》くのは？	
そとのトイレに行《い》くのは？		放課後《ほうかご》の教室《きょうしつ》で、おうちの人と（　　　）してあそぶのは？	

年　　月　　日（　　才　　ヶ月）

もう少《すこ》しくわしくつけてみましょう！

空白《くうはく》は、状態《じょうたい》にあわせておうちの人《ひと》と考《かん》えましょう。

1 らくちん　2 ふつう　3 すこしこわい すこしきんちょう　4 かなりこわい かなりきんちょう　5 ものすごくこわい ものすごくきんちょう

学校外《がっこうがい》での行動《こうどう》（ことば）	1～5	学校《がっこう》での行動《こうどう》（ことば）	1～5
おうちの人《ひと》に（　　　　）とあいさつするのは？（「おやすみ」「おはよう」「ありがとう」など）		学校《がっこう》のお友《とも》だちに（　　　　）とあいさつするのは？（「おはよう」「バイバイ」など）	
おじいちゃんおばあちゃんに（　　　　）とあいさつするのは？		休《やす》み時間《じかん》に（　　　）さん（くん）と話《はな》すのは？	
（　　　　）さん（くん）と電話《でんわ》で話《はな》すのは？		家《いえ》で音読《おんどく》して、録画《ろくが》したものを先生《せんせい》に見《み》てもらうのは？	
スーパーやコンビニで（　　　　）と言《い》うのは？（「レシートはいりません」「ふくろはいりません」など）		放課後《ほうかご》の教室《きょうしつ》で、おうちの人《ひと》となぞなぞしてあそぶのは？	

年　　月　　日（　　才　　ヶ月）

不安《ふあん》レベルの行動《こうどう》を書《か》いてみましょう！

年　　月　　日（　　才　　ヶ月

高い

低い

不安《ふあん》レベル	行《こう》　動《どう》
5 レベル5 ものすごくこわい ものすごくきんちょう	
4 レベル4 かなりこわい かなりきんちょう	
3 レベル3 すこしこわい すこしきんちょう	
2 レベル2 ふつう	
1 レベル1 らくちん	

保護者のみなさんへ

ここからは、話すことがむずかしい子どものために保護者ができることを紹介します。医師や専門家にはできない、保護者にしかできないことはたくさんあります。

子どもに対して次のように進めていきます。

どのように進めていけばいいの？

①子どもの気もち、子どもの状態を理解します（38・39ページ）

↓

②子どもの周りの環境を整えます（40～45ページ）

↓

③スモールステップで取り組みをはじめます（47～56ページ）

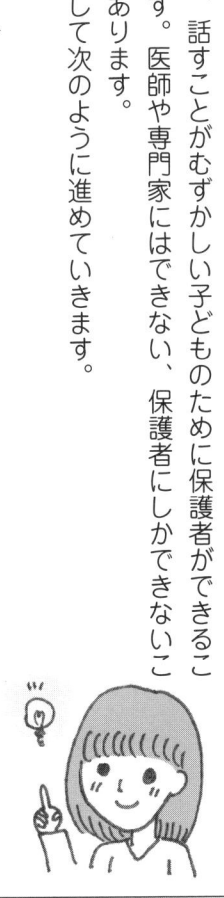

- 子どもを変えようとする前に「子どもの周りが変わる」ことが大切です
- 「子どものチャレンジ」を助けるには、親の力が必要です
- 「周りの理解や支援を求めること」は「過保護」ではありません

この本の使い方

この本は、場面緘黙やその傾向をもつ子どもが、自分の状態を理解するための本です。

子どもたちは「どうして自分は話せなくなるのか？」「どうすれば話せるようになるのか？」自分でもわかりません。症状が生じる仕組みや改善への道すじがわかれば、子どもは未来に希望をもつことができます。

ただし場面緘黙の症状が重い子どもや、場面緘黙以外の症状をあわせもつ子どもが読む資料として、適切でない場合がありますのでご注意ください。

子どもから『話せない』ことについて触れてきたときが、このマンガを親子で読むチャンスです。

「そういう子は他にもたくさんいるよ」

「大丈夫。どんなふうによくなっていくのか、わかっているんだって」と話してあげましょう。

しかし、たいていの子どもは『話せない』ことを親にも触れられたくないものです。この本を見せても、読もうとしないかもしれません。

そんなときは、この本を子どもが手に取れる所にさりげなく置いてあげてください。ひとりの方が読みやすい子どももいます。

読んでみて
はいっ
いい・・・

マガジンラック
本棚
キョロ
キョロ

チェックシートは、子ども自身が自分の不安の大きさを把握するためのものです。親は子どもの不安の大きさを参考にして、無理のないスモールステップを組むことができます。

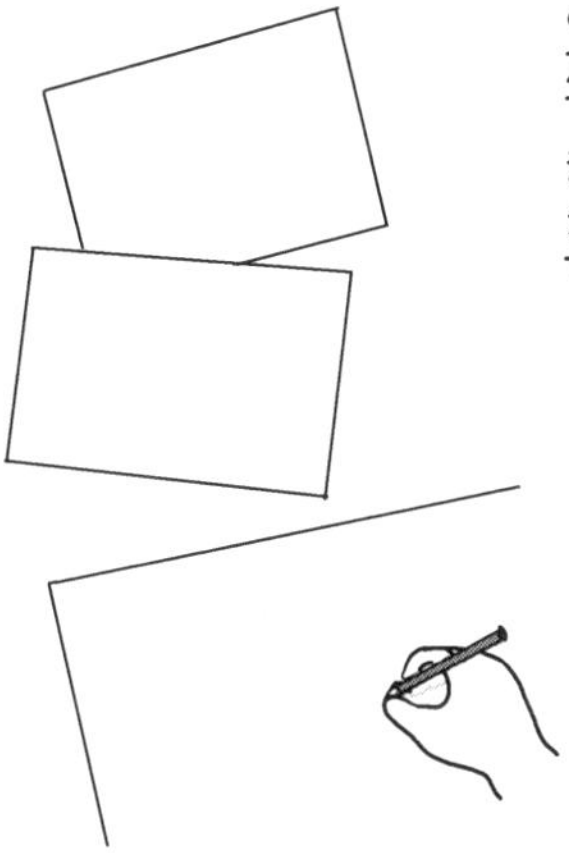

子どもが自分の状態を調べて表現するのはむずかしいものです。

1ページ目はまず、チェックの練習です。

2ページ目は、「動作（発話をともなわない行動）」、3ページ目は、よりむずかしい「ことば（発話をともなう行動）」のシートです。空白の部分は、子どもの状態にあわせて「行動」を追加してください。

レベル1～3の低い行動を必ず多めに入れましょう。

子どもがいやがるときは、無理にさせないでください。親といっしょではなく、ひとりの方が記入しやすい子どももいます。

チェックシートを拡大コピーして、一言手紙を添えて、この本といっしょに机の上に置くのもひとつの方法です。

子どもの経験値があがるにつれて、不安度は変化していきます。期間をおいて不安度を記入すると、子どもは自分で自分の進歩に気づくことができます。

チェックシートは繰り返し使えるように、コピーして使用してください。

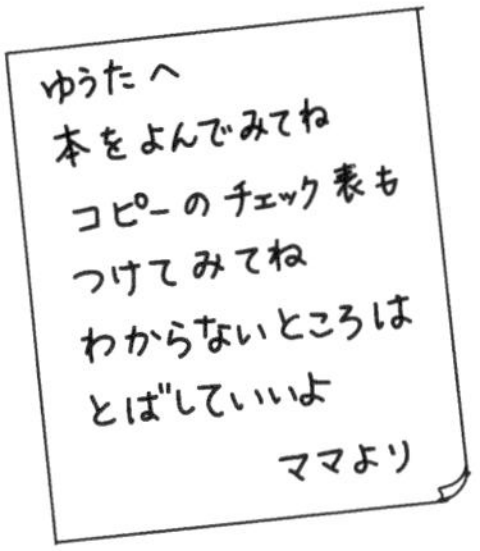
ゆうたへ
本をよんでみてね
コピーのチェック表も
つけてみてね
わからないところは
とばしていいよ
ママより

チェック表

場面緘黙とは

家では普通に話すのに、園や学校など特定の状況で話せない状態を、場面緘黙（ばめんかんもく）と言います。社交不安や恐怖症の一種で、生まれつき危険に対して敏感な「行動抑制的気質」をもつ子どもが多いのではないかと言われています。

医学的な診断では『選択性緘黙（せんたくせいかんもく）』と呼ばれ、知的障害や自閉症スペクトラム障害のために、他人との関わりが苦手な場合は区別されます。

発生率は0・2〜0・7%、入園や入学のような社会的な環境にデビューする時期での発生が多いようです。転校や失敗体験がきっかけとなる子どももいます。

場面緘黙の子どもの状態はさまざまです。ただの「はずかしがりや」との違いは、緘黙症状が、長期間・広範囲で続き、学校などの社会生活で、本来の力を出しにくいことです。

場面緘黙の状態はさまざま

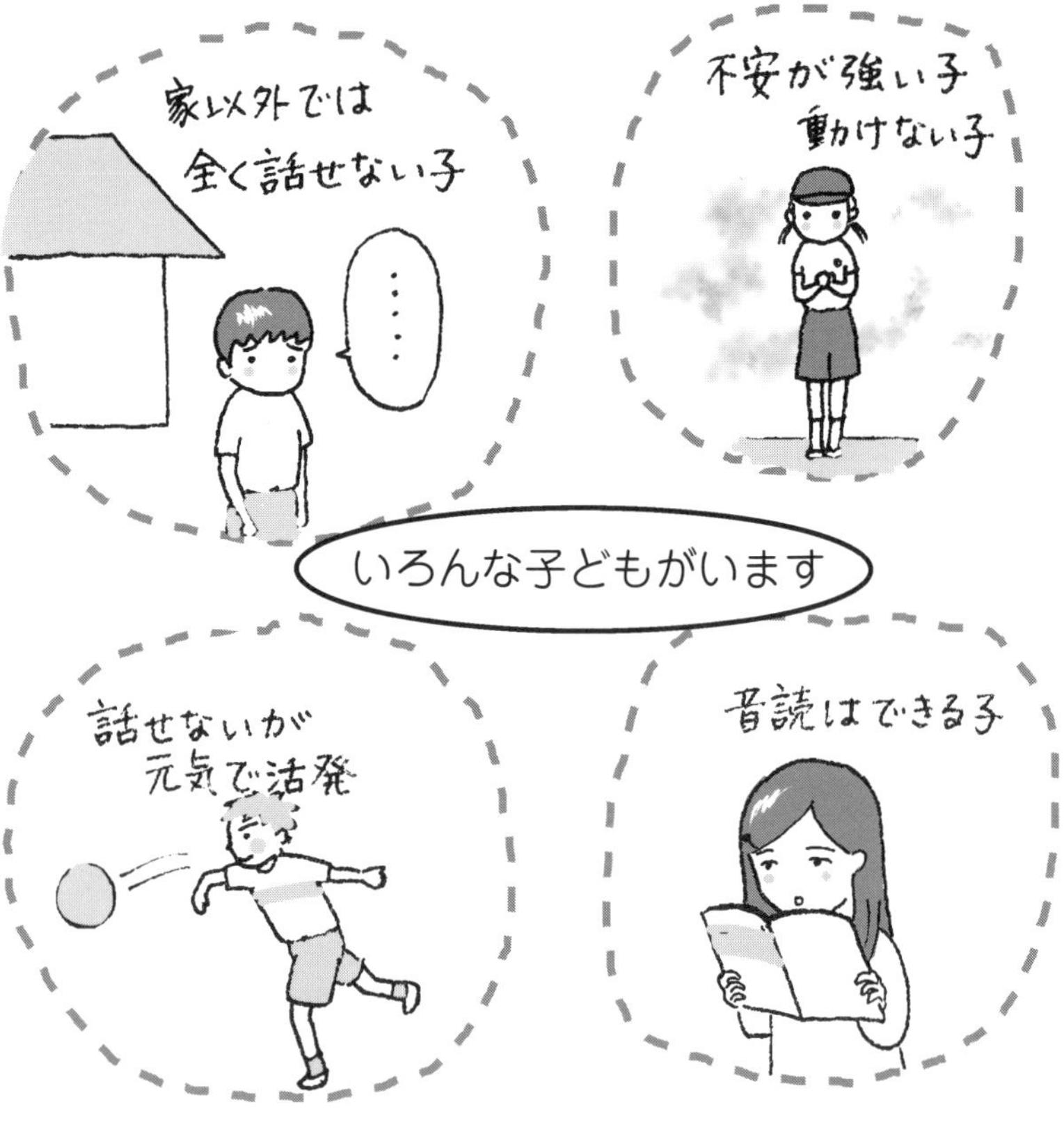
不安が強い子
動けない子
家以外では
全く話せない子
……
いろんな子どもがいます
音読はできる子
話せないが
元気で活発

場面緘黙の症状は、不安が大きくなることから自分を守っています

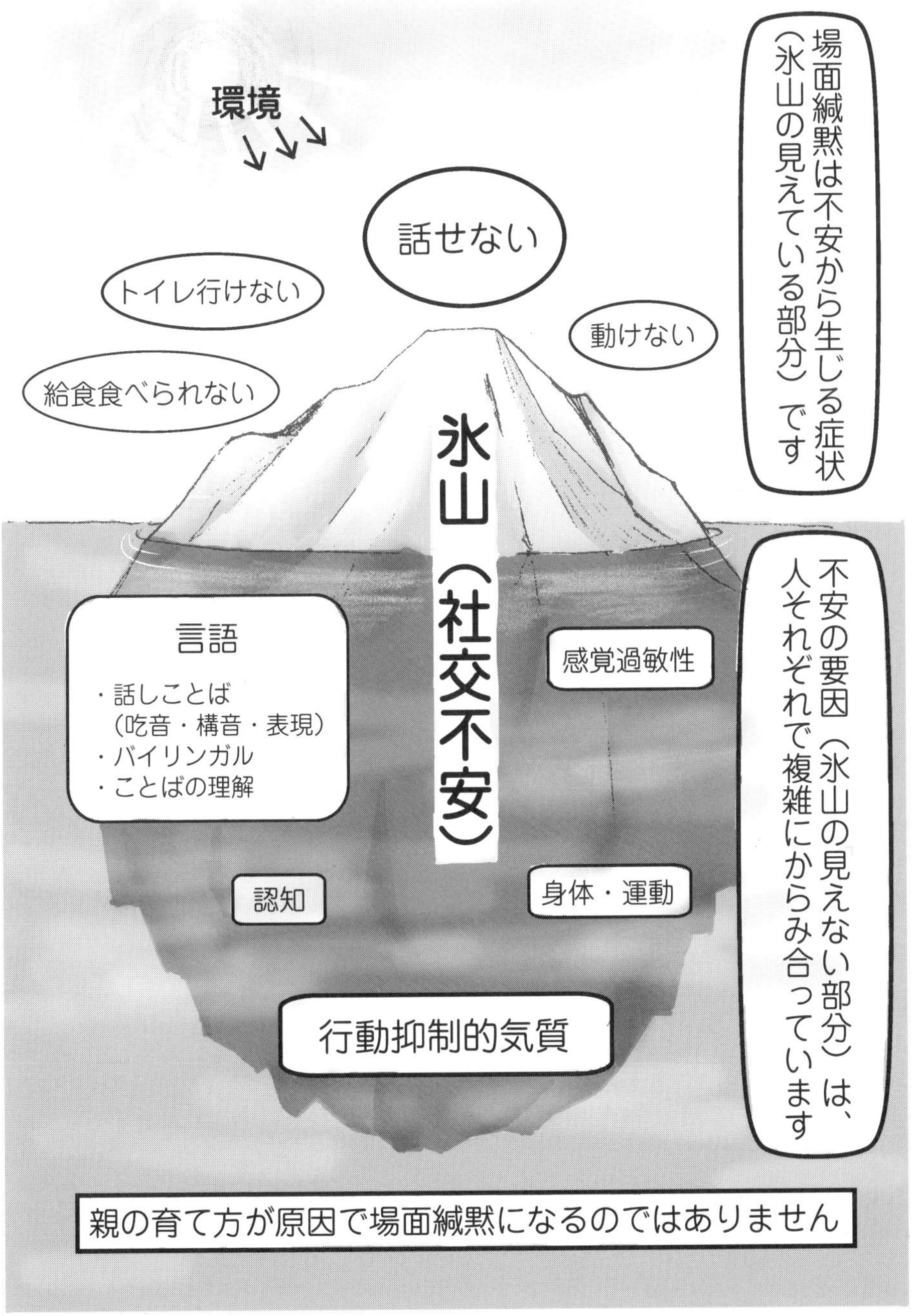

環境
話せない
トイレ行けない
動けない
給食食べられない
氷山（社交不安）
場面緘黙は不安から生じる症状（氷山の見えている部分）です
言語
・話しことば（吃音・構音・表現）
・バイリンガル
・ことばの理解
感覚過敏性
認知
身体・運動
行動抑制的気質
不安の要因（氷山の見えない部分）は、人それぞれで複雑にからみ合っています
親の育て方が原因で場面緘黙になるのではありません

はじめの一歩♪

子どもを理解する

今の子どもの状態をありのまま受け入れて、子どもの一番の理解者になってあげてください。

「あなたが大好き」「あなたの味方だよ」と、できるだけことばにして、子どもに伝わるようにしましょう。

子どもの不安やいらだちに親が巻き込まれないようにします。

前向きに生きる親の姿勢は、子どもにとってとてもよいモデルとなります。

よい対応
字じょうずだね
自分から水筒出してエライね
トン
得意なことをのばす
自信を育てる
小さいことでもほめる
よくない対応
子どもに不安な様子を見せる
話さないことを責める
深いタメ息
ハーッ
こんなことでこの先どうなるの…
あいさつはしないと!
しゅん

子どもは学校や家の外で、長い時間緊張や不安を感じています。

楽しくホッとできる家庭の環境をこころがけましょう。

よい対応
笑顔で
おかえり 寒かったでしょう
あったかい ココア 入れるね
ホッ

安心できる環境
さりげなく ポジティブなことばがけ
だいじょうぶ 少しずつ できるように なるよ
パパも 最初は うまく できなかったんだ
ゆったりと

よくない対応
質問責め
おかえり 学校どうだった？
昼休み 何したの？
給食 ちゃんと食べた？
お友達 できた？
今日 お話できた？
うんざり

はじめの一歩♪

子どもの周りの環境を整える

子どもにとって不安の少ない環境を整えましょう。特に学校は、不安が最も高い場所です。保護者は学校へ理解と支援をお願いしましょう。

次のように進めるのが理想的です。

①担任の先生に、個人面談の希望を伝える。
②子どもの特性や状態、家庭の取り組み、学校で望まれる対応や支援を、Ａ４一枚に簡潔にまとめる。
③かんもくネットホームページよりリーフレットを印刷する。※
④担任の先生との面談で、②と③を渡す。
（面談時間は長くならないように気をつける）
⑤管理職との面談希望を担任を通して伝え、校内の全教職員の理解をお願いする。
（学年主任や特別支援教育コーディネーターがそろうと理想的です）
★可能なら夫婦スーツ姿で面談に臨みましょう。
（親の真剣さをアピール♪）


先生に場面緘黙のことを知ってほしいと、一度に多くの資料や本を渡すのはおすすめしません。

最初に渡すものは、最小限の分量にしましょう。先生が興味を示してくだされば、そのときに他の資料や本をお貸しするとよいでしょう。

先生との面談で渡す資料は多くならないようにしましょう
お願いします
お手紙は58ページを参考に

※リーフレットの印刷方法
かんもくネットhttps://kanmoku.org/へアクセス→
「啓発資料」のリーフレット→
「子どもに関わるみなさんへ」からダウンロード

先生に資料を渡したけど それっきりです……

先生に資料をお渡ししたものの、支援方法について家庭と学校で話し合えていない場合も多いようです。連絡帳などでこまめに情報交換をしましょう。

子どもは、次のような場面で困ることが多いと思います。

・出欠の返事や音読、スピーチや発表
・トイレや給食
・着替えや教室移動・提出物を出す
・休み時間の遊び
・当番や係、小グループでの作業
・体育・音楽・図工などの実技授業
・学校行事

先生方はとても多忙です。先生に実際にできそうなことを具体的にお願いしましょう。例えば、「教室の座席の位置を、仲のよい子ととなりあわせや同グループにすることをお願いする」「返事や発表はどんな方法でなら参加できそうか、具体的な支援を提案する」などです。

先生が少しでもこちらのお願いに応えてくださったら、感謝の気もちを必ず伝えましょう。

子どもの反応がつかめないと、先生もどう対応してよいかわかりません。家庭で子どもが、学校や先生のことを話したら、ぜひ先生に伝えましょう。そして子どもの得意なこと、好きなことの情報もあわせて伝えましょう。子どものことがわかると先生も安心です。

連絡帳などを活用しましょう！
れんらくちょう
先生へのお願いもスモールステップで
そうなんだ
れんらくちょう
子どもの気持ちを知って先生ヤル気UP♪

クラスメートにどう伝えたらいいの？

クラス理解のために、絵本『なっちゃんの声』を使うケースが多くあります。絵本のお話に本人からのメッセージを添えたり、絵本の後半にある『クラスのみなさんへ』を読むのもよいでしょう。本人の前で読むのか、本人がいないときがよいのか、子どもの気もちを確認しましょう。

①家庭で子どもと絵本を読む。
②クラスで読むことを、子どもに提案する。
③先生と親で、どのように進めるか相談する。
④家庭で本人にいつ読むのがよいか確認する。
⑤クラスで先生が読み、感想を書いてもらう。
⑥クラスメートの感想を家で見せてもらう。
（⑤で本人がいないときの場合）

絵本の活用がむずかしい人は、次ページのクラス啓発資料を使用してください。

※『学校で話せない子ども達のために』のホームページからも印刷できます。

おかあさんたちにどう伝えたらいいの？

保護者会や近所のおかあさんたちに、子どもの状態をどう説明すればよいでしょうか。そんな悩みを抱える保護者の方が多くおられます。

親しい人や、これから協力してほしい方には、場面緘黙の資料を見せて、詳しく説明しましょう。

保護者会などでは『場面緘黙』ということばを使わずに説明するとよいと思います。例えば、こんなふうに説明するのはどうでしょう。紙に書いて持っていくと安心です。

とてもはずかしがりやで、
声をかけてくださっても、何もこたえないこと
があるかもしれません。
無視してるようにみえたら、すみません。
でも、本当はとてもうれしく思っています。
お友だちをつくりたいと思っていますので、
ぜひ家にも遊びに来てください。
どうぞよろしくお願いします。

なぜ
はなさないの？
おうちでも
はなさないの

おうちではおしゃべりです。
でも、そとでは
はなせないときがあります。
ほんとうは、いつでも
はなしたいんだけど
こえが、でにくいときが
あります。
じぶんでも、どうしてこえが
でにくいのかわかりません。

わざと
はなさない
のでは
ありません

どんな
きもちで
いるの？

やさしくしてくれると
『ありがとう』
というきもちでいっぱいです。
でも、そのきもちを
ことばやたいどで
つたえることができなくて
こころのなかで
『ごめんね』
とおもっています。

なかよく
してくれると
うれしいです
さそってくれると
うれしいです

おねがい

- 「どうしてはなさないの？」「『あ』っていってみて」と、いわれると、とてもつらいきもちになります
- はなしたときに「あ！しゃべった！」といわれるとドキドキしてしまいます
- 『はなした』『はなさない』に、ちゅうもくしないでください

きょうだいに どう説明したらいいの？

同じ学校に通っているきょうだいは、家とは違う兄や妹の行動を不思議に感じたり、不満に思ったりすることも多いようです。親はきょうだいの気もちにも気を配り、いつでも話し合える関係でいることが望まれます。

保護者の方はこれまで「どうして話さないの？」と周りの子どもたちから問われたことが何度もあるでしょう。きょうだいも同じように学校で言われて、困っているかもしれません。また、親が場面緘黙の子どもばかりに注目しているために、さびしさを感じているかもしれません。

きょうだいへの説明は、ワークブック『きょうだいのあなたへ』をぜひご活用ください。きょうだいに場面緘黙のことを理解してもらうだけでなく、きょうだい自身の困難も家族と分かち合えるきっかけとなればと思います。

※『きょうだいのあなたへ』は、『学校で話せない子ども達のために』のホームページから印刷できます。

https://silencenet.sakura.ne.jp/
専門の先生
どうして 家とは 全然 ちがうの？
さやかさんのお兄ちゃんは 学校で とっても きんちょうして どうしても 声が出にくいの
まるで のどのふたが しまったように なってしまうの
けんた君の妹は 学校のような場所では とっても 不安になってしまうのよ まるで ぶたいに立っているみたいに きんちょうしてしまうの
長い間 そうだったので 今すぐ 話すことは とっても むずかしいの
きんちょうすると からだが 思うように 動かなくなってしまうの
ドキ ドキ
お兄ちゃんのように 声が出ない子は 日本だけでなく 世界中にもいます 大きな学校では 1人か2人ぐらい いると 言われています
わざとじゃないの けっして なまけてるんじゃないのよ
わざと話さないんじゃないの どうしても 声が出ないのよ
−3−

病院や学校健診でどうすれば？

病院受診や学校健診では『状況によって声が出づらいです』提示カードを利用するとよいでしょう。

このカードは、『子どもが話さない』ことについて、強い叱責や理不尽な対応を受けた人たちの体験から生まれました。場面緘黙の子どもは、不安が大きい場面で発話や動作を強制されると症状が悪化します。

医療機関受診だけでなく、他の場面でもすぐに使えるように、財布などに入れて携帯しておくとよいでしょう。

『状況によって声が出づらいです』提示カード

場面緘黙《ばめんかんもく》 selective mutism とは

話す力や理解する力をもっていますが、幼稚園や学校、社会的場面など特定の状況で、緊張や不安のために声が出にくい症状があります。わざと黙っているのではありません。

場面緘黙の子への接し方とお願い

・もしも質問に答えられない場合は、イエス・ノーで答えられる質問をしてください。うなづき等で答えられることがあります。

・場所や人に慣れるのに時間がかかります。反応に時間がかかることがあります。叱らずにゆっくり接してください。

山折り

状況によって声が出づらいです

場面緘黙という不安による症状があります

詳しくはカードの裏面をご覧ください

ご配慮、ご協力をお願いします

かんもくネット　https://kanmoku.org/

場面緘黙児支援ネットワーク団体

※コピーして山折り後、ラミネートなどをしてご利用ください。
かんもくネットhttps://kanmoku.org/の啓発資料からも印刷できます。

チェックポイント♪

スモールステップの取り組みの前にチェックしましょう

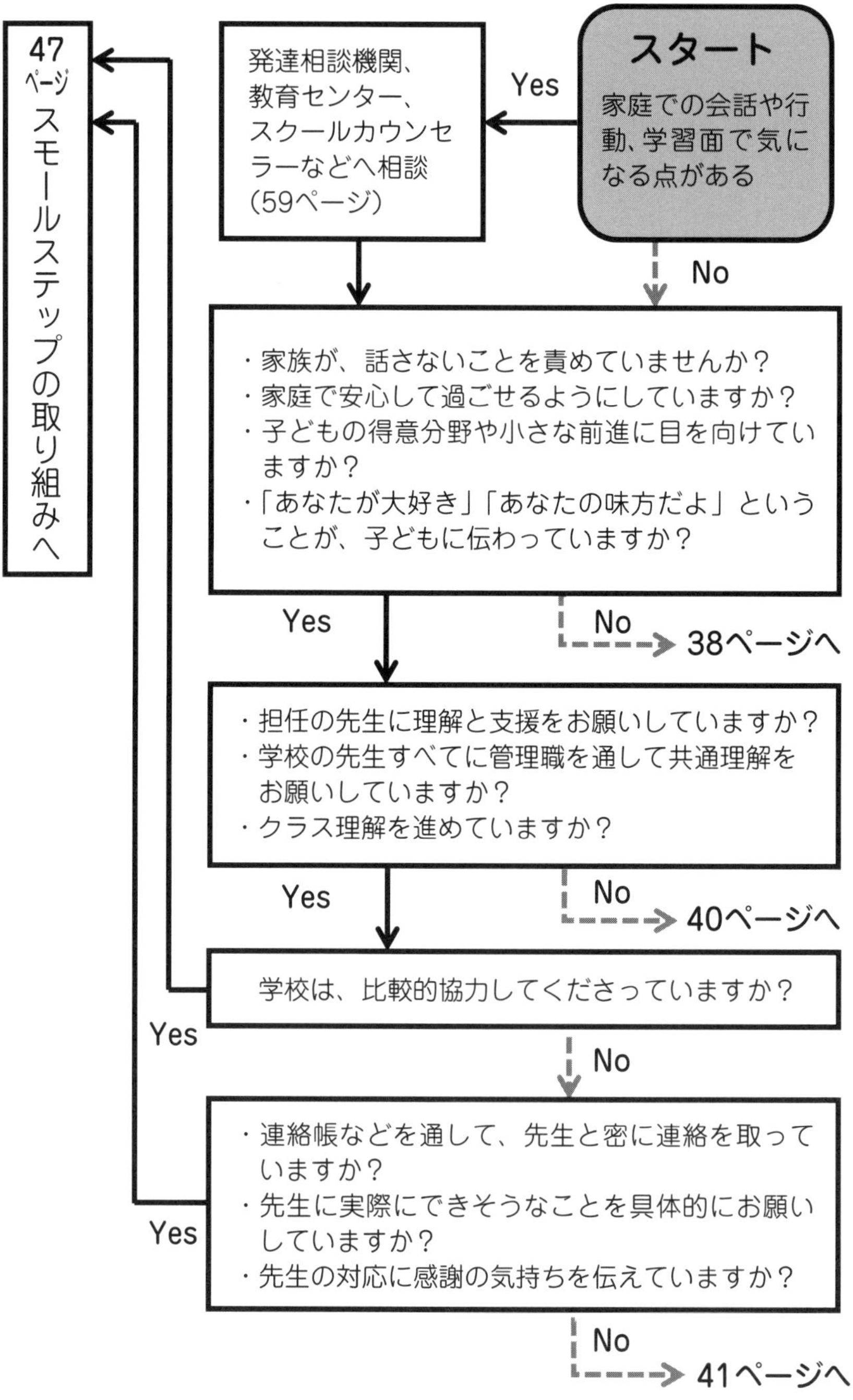
スタート
家庭での会話や行動、学習面で気になる点がある
Yes
発達相談機関、教育センター、スクールカウンセラーなどへ相談（59ページ）
No
・家族が、話さないことを責めていませんか？
・家庭で安心して過ごせるようにしていますか？
・子どもの得意分野や小さな前進に目を向けていますか？
・「あなたが大好き」「あなたの味方だよ」ということが、子どもに伝わっていますか？
Yes
No
38ページへ
・担任の先生に理解と支援をお願いしていますか？
・学校の先生すべてに管理職を通して共通理解をお願いしていますか？
・クラス理解を進めていますか？
Yes
No
40ページへ
学校は、比較的協力してくださっていますか？
Yes
No
・連絡帳などを通して、先生と密に連絡を取っていますか？
・先生に実際にできそうなことを具体的にお願いしていますか？
・先生の対応に感謝の気持ちを伝えていますか？
Yes
No
41ページへ
47ページ
スモールステップの取り組みへ

スモールステップの取り組みをはじめましょう

29〜31ページのチェック表の行動を、不安レベルが低い順から高い順へ並べる

↓

不安レベルが低い場面から、チャレンジスタート

↓

場面(活動・場所・人)を増やす

↓

学校の教室へ

チェック表を、つけられない人は…

だいじょうぶ!!

基本は
できることから少しずつ
むずかしいことにチャレンジ
です

♪楽しく
♪自信をつけながら
♪場数を多く

×よくない例
プレッシャーを与える
がんばって話そうね
発話に注目しすぎ

ハカセからワンポイントアドバイス

- 「発話」よりも「不安の軽減」に目を向けましょう
- 幼児〜小学校低学年は、発話を意識させないようにしましょう
- 小学校中学年以上は、本人の気もちを大切にしてチャレンジを進めます

やってみよう♪

スモールステップの取り組み なっちゃんの場合（活動編）

なっちゃんの
どきどき不安チェックシート

学校外での行動	不安レベル 1〜5
おかあさんとお店で買い物は？	2（ふつう）
お店でひとりでお金をはらうのは？	3(少し こわい)

不安レベル2（ふつう）
からスタート

▼

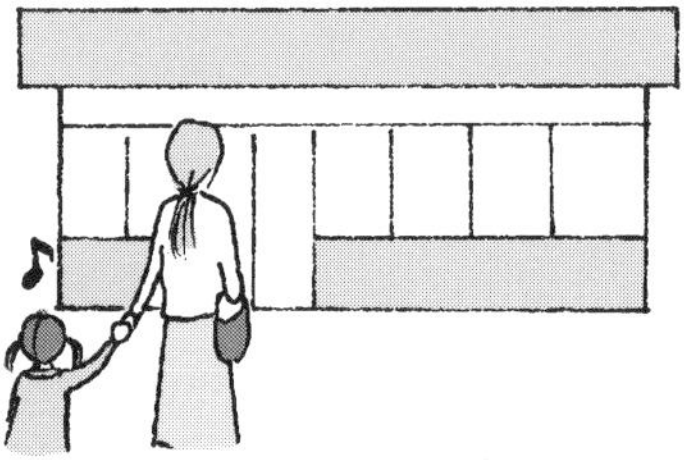

おかあさんといっしょに
お店に行く

▼

105円です

おかあさんがそばにいて
お金を払う

▼

チラ
いらっしゃいませ

おかあさんは見える所に
待っていて
ひとりでお金を払う

※不安レベル3（すこしこわい）が
レベル2（ふつう）の気もちに
なるまで繰り返します

自分ではらえた
やった

ポイント

小さなチャレンジと成功体験の繰り返しが、次のステップの土台となります

やってみよう♪

スモールステップの取り組み　なっちゃんの場合（ことば編）

なっちゃんの
どきどき不安チェックシート

学校外での活動（ことば）	1～5
インターホンで話す	3

自信が増えてきたなっちゃんは
チャレンジしよう♪
という意欲が出てきました

となりの家に回覧板を持って行くチャレンジ♪

ピンポーン
回覧板です
ありがとう
回覧板

役に立ってうれしい　→　自己肯定感が高まる

ハカセからワンポイントアドバイス

- 必ず、今話せている場面からはじめます
- 7～8割成功しそうな設定にチャレンジします
- 親やきょうだいと「いっしょに言う」と、うまくいく子もいます
- 「相手が見ていない状況」「数字・短い単語・決まり文句」が、言いやすいようです
- 「あいさつ」は、不安度が高いことが多いので注意して進めます

やってみよう♪ スモールステップの取り組み 不安度チェックシートを使わない場合

チェックシートを記入できない人もだいじょうぶ！

基本は

できることから少しずつ むずかしいことにチャレンジ

です

例えば…

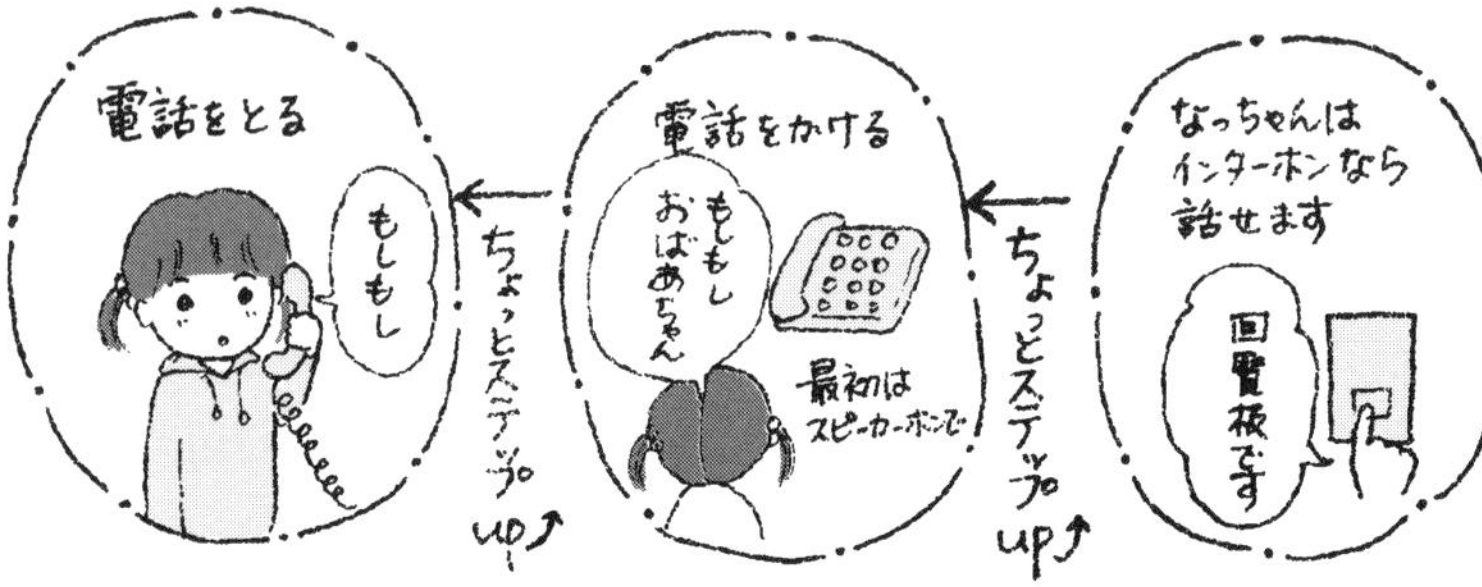
なっちゃんはインターホンなら話せます
回覧板です
ちょっとステップup
電話をかける
もしもしおばあちゃん
最初はスピーカーホンで
ちょっとステップup
電話をとる
もしもし

何が好き？何が得意？

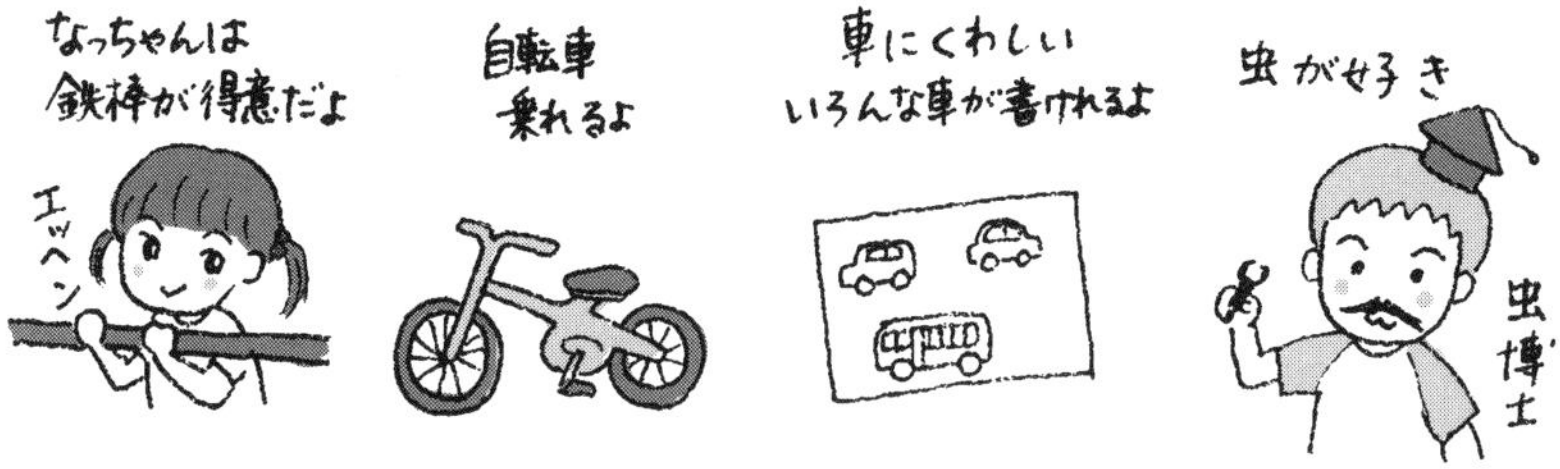
なっちゃんは鉄棒が得意だよ
エッヘン
自転車乗れるよ
車にくわしい いろんな車が書けるよ
虫が好き
虫博士

好きなこと・得意なことから、活動を広げていきます。
やった！できた♪と、本人が思える体験を増やして
自信を育てましょう。

ハカセからワンポイントアドバイス

- 得意なことへの自信が、人との交流の土台になります
- 好きなことが、発話への突破口となった人が多くいます

やってみよう♪

スモールステップの取り組み なっちゃんの場合（家にお友だちを呼ぶ）

お友だちとの取り組みは、不安レベルが最も低い場所（＝最も安心する場所）の、おうちからスタートです。

スライム作り
おかあさんもいっしょ

最初はことばを使わないあそび

楽しい活動やおいしい活動
パフェ作り
なっちゃんは甘いものが大好き

うっかり声が出そうなあそびも取り入れました♪

笛あめ
ピーッ
口を使ったあそびもグー
口元とのどがほぐれます
ピョ〜〜ン
わっ
レンジでポップコーン作り
パチン
パチン
ビックリ
わぁ

ハカセからワンポイントアドバイス

- 友だちが見ていないときに、家族と話すことからはじめましょう
- 子どもが何か言いたそうなときは、親が耳を近づけてコショコショ話を促しましょう
- かるたなど、決まったセリフがある方が発声しやすい子どももいます

やってみよう♪

スモールステップの取り組み
なっちゃんの場合（お友だちと家の外へ）

お友だちとおしゃべりできるようになったなっちゃんは、おうちの外へ場所を移していきました。場所も不安レベルが低い順番から進めます。

おうちの庭で
なっちゃんは からだを動かすのが 大好き❤

おともだちの家にも あそびに行きました
最初は おかあさんも いっしょ
おじゃまします

知っている人と会わない 遠くの公園
なっちゃん スゴい！
くるん
得意な鉄棒♪

緊張する場所は、安心する人（＝おかあさん）といっしょです

ハカセからワンポイントアドバイス

- からだを動かす楽しいあそびは、緊張度を下げます
- 車内での会話は、緊張が低くなる子どももいます
- ペット連れは、ペットに注目が集まり緊張度が下がります

やってみよう♪

スモールステップの取り組み なっちゃんの場合（学校へ）

いろんな場所で経験を積んだなっちゃんは、いよいよ学校に場所を移すことになりました。最初は、学校が休みの日の校庭です。

学校が休みの日の校庭

おともだちに
さかあがりをおしえる
あと少し！

雨の日の放課後、おかあさんと

そうだねえ かわいそうだね
ねえ おかあさん うさぎさん ぬれちゃうね
カサで かくれる
なっちゃんは 雨の日が 不安が低いです
ザーザー雨の音で 自分の声が気にならない

ハカセからワンポイントアドバイス

- 子どもがどのような状況が安心するか、発話しやすいかよく観察しましょう
- 教室よりも、運動場の方が不安が低い子どもが多いようです
- 家で話せる友だちや親といっしょに、人が少ない時間帯の学校内を歩き回ってみましょう

やってみよう♪

スモールステップの取り組み なっちゃんの場合（放課後の教室）

いよいよ目標の教室です。誰もいない放課後の教室に、お友だちとおかあさんといっしょに過ごしました。

最初は緊張しない楽しい活動

黒板にお絵かき

漢字の練習
林 大

少しずつ学校の活動を取り入れます

音読の宿題もいっしょに♪
こくご
こくご

今日の宿題をやっとこう
私も

なっちゃんは、週に2回20～30分程度。

「もう少しやりたかったな。次が楽しみだな」

という風に、無理なく楽しく続けていきました。

ハカセからワンポイントアドバイス

・楽しい活動を工夫しましょう
・子どもが先生役になって問題を出し、親が生徒役になって答える学校ごっこを取り入れるとよいでしょう
・音読で「た」の音を飛ばすなど、遊びの要素を入れます

やってみよう♪

スモールステップの取り組み なっちゃんの場合（先生の家庭訪問）

家庭訪問の順番を一番最後にしてもらって、お友だちと先生と3人で遊ぶことになりました。

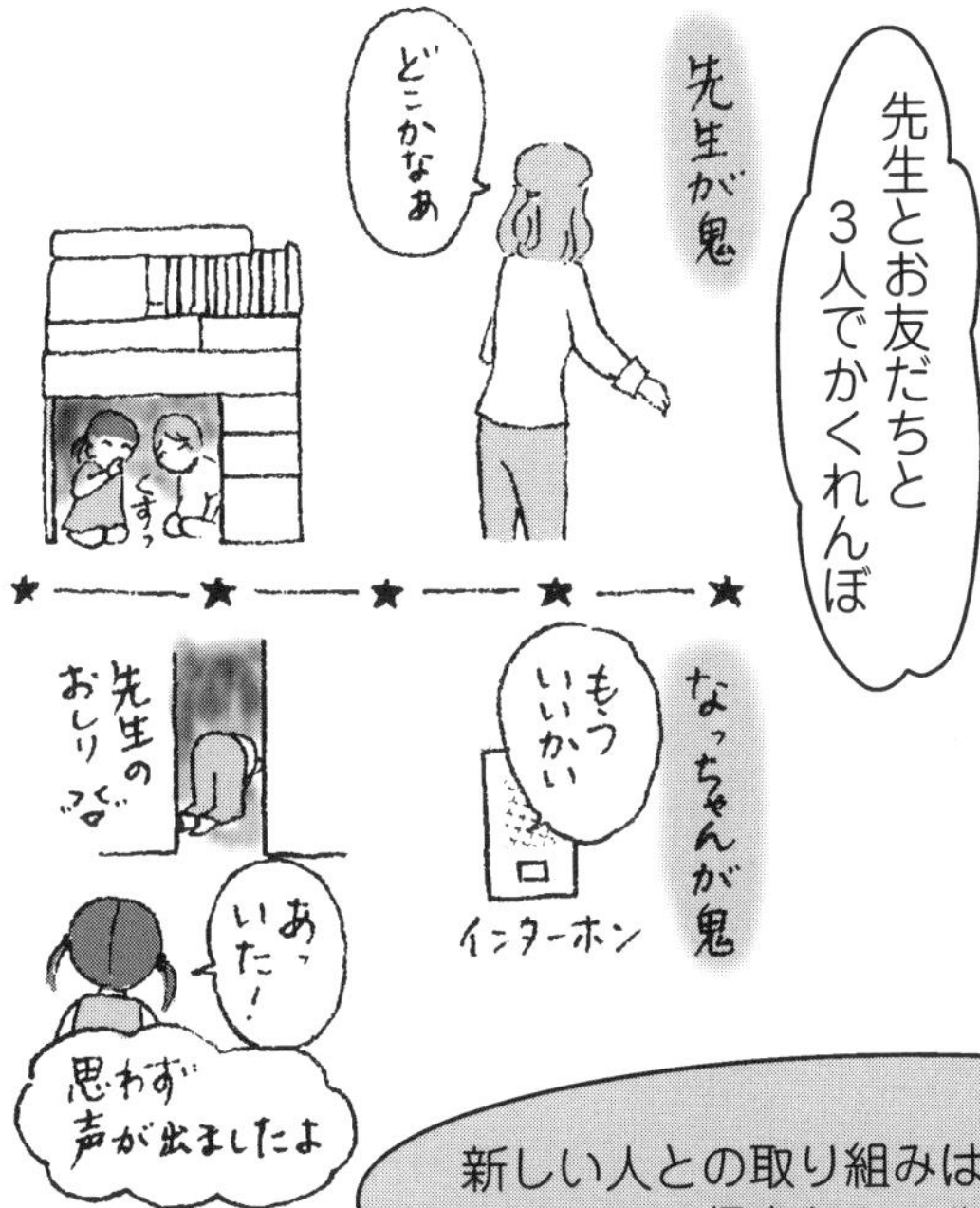

先生とお友だちと3人でかくれんぼ
先生が鬼
どこかなあ
くすっ
なっちゃんが鬼
もういいかい
インターホン
先生のおしり
あっいた！
思わず声が出ましたよ

新しい人との取り組みは、安心する人といっしょに得意なツールを使います

先生との遊びに慣れてきたら少しずつ学校の活動へ

2人ともじょうず♪
すごいすごい
大きなかぶ
こくご
こくご
お友だちといっしょに音読

ハカセからワンポイントアドバイス

- 無理のない範囲で先生にお願いしましょう
- 特に小さい子どもにとって、先生の家庭訪問は親しみを増す効果があります

なっちゃんのこれまでのスモールステップのまとめ

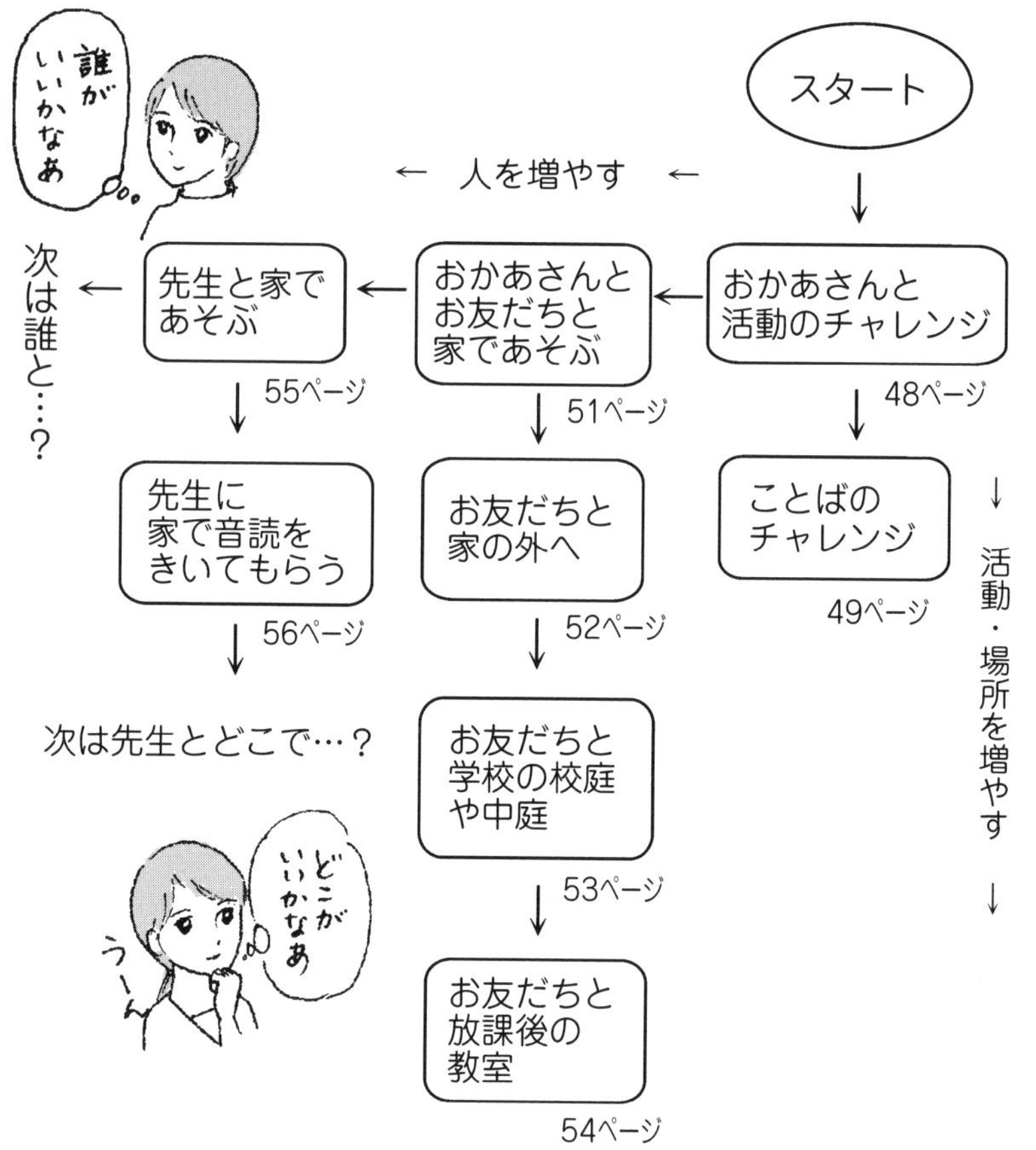

スタート
← 人を増やす ←
おかあさんと活動のチャレンジ
48ページ
ことばのチャレンジ
49ページ
活動・場所を増やす
おかあさんとお友だちと家であそぶ
51ページ
お友だちと家の外へ
52ページ
お友だちと学校の校庭や中庭
53ページ
お友だちと放課後の教室
54ページ
先生と家であそぶ
55ページ
先生に家で音読をきいてもらう
56ページ
次は先生とどこで…？
次は誰と…？
誰がいいかなあ
どこがいいかなあ
うーん

なっちゃんの状態を観察しながら、
次のステップを考えます

ハカセからワンポイントアドバイス

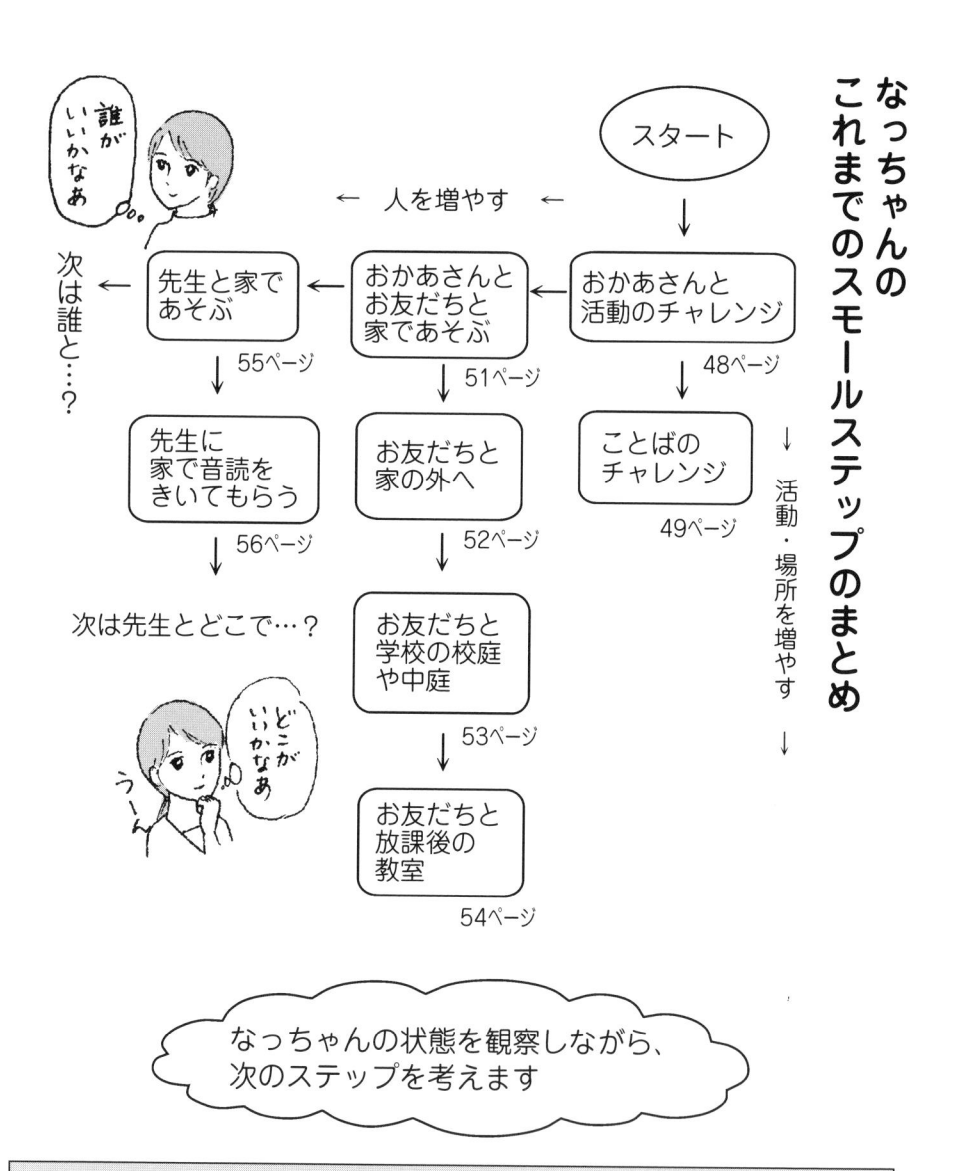

・スモールステップの取り組みは、長期戦になる場合もあるでしょう
・継続して続けられるように、「楽しく」「少しずつ」「無理なく」進めていきましょう

特別な行事について なっちゃんの場合

発表会

なっちゃんは発表会や運動会など、人がたくさん見に来る行事では不安がとても高いです。
なっちゃんのおかあさんは、早い段階から先生と打ち合わせをしました。

先生と事前に打ち合わせ
今、できる範囲で参加させたいのですが
劇のナレーター役を3人にして・・・

なっちゃんに手順を伝えます
ナレーターがみほちゃんとゆうたくんとなっちゃんで
わかりやすく絵にかいて説明
先生の机の近くに3人で立ってー

運動会

どういう形なら参加できそうか、
なっちゃんの気もちを確かめます。

ダンスはみほちゃんと先生が近くにいたらできそう？
うん！

親子で話し合って先生に伝えます。

クラスの一員として、できることを参加させます

ハカセからワンポイントアドバイス

- スモールステップの支援計画を立て、子ども自身に参加方法を選ばせます
- 舞台の立ち位置は後ろのすみ、物の後ろの方が緊張が下がります
- 何か物を持ったり、友だちと物を動かしたりする活動の方が緊張がやわらぐようです

新学年の準備 なっちゃんの場合

なっちゃんのおとうさんとおかあさんは、学校に次年度のお願いに行きました。

A4　1枚にまとめました

- 現在の状況
- これまでの経過
- 現在取り組んでいること
- ○○センターからのアドバイス
- 次年度の要望（クラス替え、担任）

よろしくおねがいします
担任
教頭
校長

ポイント

口頭だけではなく記録が残るように書面でも伝えましょう

新しいことや変化に不安をもつ子どもは多いです

なっちゃんも2年生にあがる前に不安になってきました。

どんな先生かなあ
ナイショよ
大丈夫よ やさしい先生にしてもらえるようにお願いしてあるから

※担任やクラス替えは、必ずしも保護者の意向が通るわけではありません

新学期前や春休みは、子どもの不安が高まりやすいので自信がつく活動をたくさんしましょう

ハカセからワンポイントアドバイス

- 入学前に、学校のトイレや教室に慣れる機会を多くもちましょう
- 今話せる友だちや、仲のよい友だちをひとりは同じクラスにとお願いしましょう
- 発達相談機関や教育センターなどの専門家の助言を文書に含めましょう

家庭での会話や行動、学習面で気になる点がある場合は、必ず専門家に相談しましょう

学校で話せない子どもの中には、発達の問題がかくれているケースがあります。不安や緊張を減らすために子どもの特性を知って対応する必要があります。

特別支援学校や特別支援学級で、個別や少人数指導の時間をとることが、子どもの成長に繋がるケースがあります。発話以外に問題がない子どもは、通常学級で学ぶことが適切な場合がほとんどです。

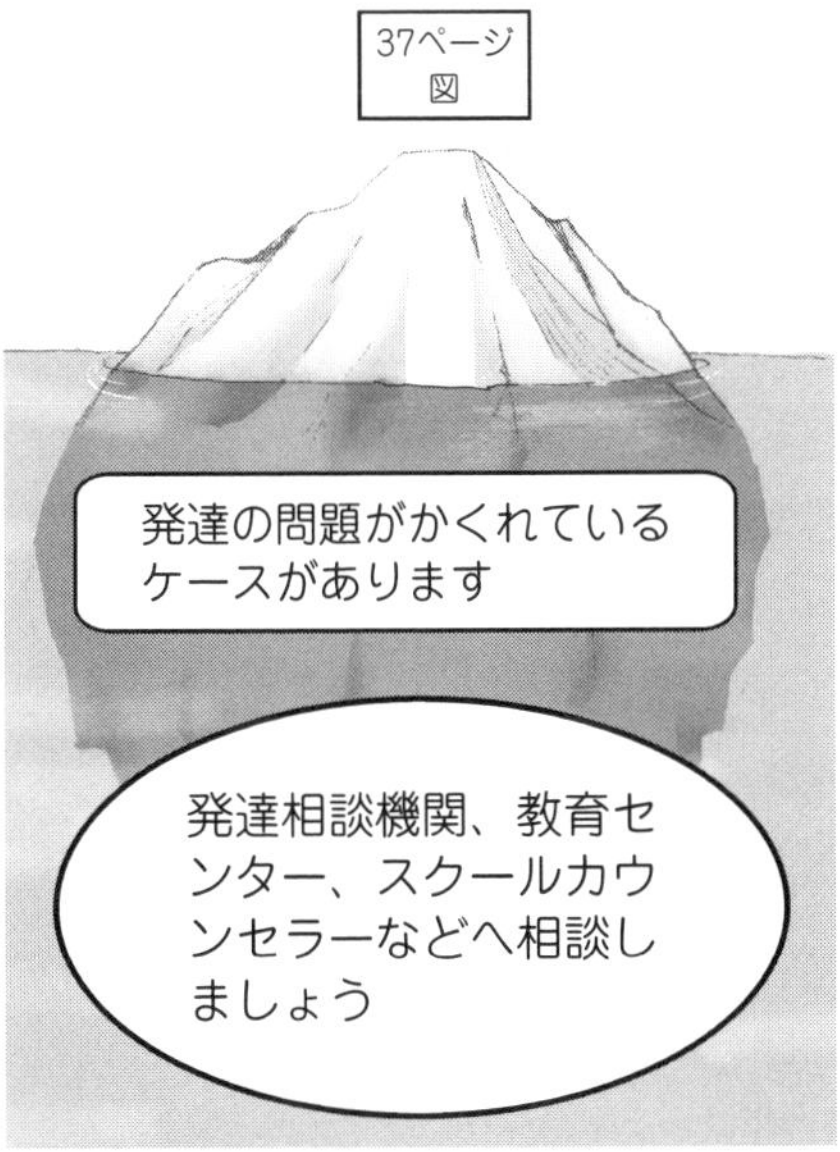
37ページ図
発達の問題がかくれているケースがあります
発達相談機関、教育センター、スクールカウンセラーなどへ相談しましょう

ことばの課題について

場面緘黙の症状をもつ子どもの約30～50%に、軽い「ことばの課題」がからんでいると言われています。

軽い吃音や発音しにくい音がある子どもがいます。ことばの理解に少し時間がかかる子どもや、言いたいことをすぐにことばで表現できない子どもなどです。

ことばの苦手感がある子どもは、失敗を恐れて人前で緊張しやすくなります。相手の会話のスピードについていけず、話す機会を失いがちです。

場面緘黙の期間が長ければ、話す機会が少なくなりいっそう練習不足になります。地域にことばの教室などの通級指導教室があれば利用を考えましょう。

通級指導教室は、地域によって、申し込み時期や申し込み方法が異なりますので早めに情報を集めましょう

先生にきいてみよう
連絡帳

まずは、学校へ相談

かんしゃくについて

不安の高い子どもを育てるのは大変です。最初は親ががっちりサポートし、少しずつサポートを外してひとりでできるようにしていきます。

場面緘黙の症状をもつ子どもの中には、家庭でかんしゃくなどの軽い反抗的行動をとる子どもがいます。家庭で自分の思い通りにならないとき、「かんしゃくを起こせば親が代わりにする」パターンにならないようにしましょう。

子どもができた行動にスポットを当てましょう。かんしゃくへの対応には、忍耐と工夫が必要です。「気もちを切りかえられたこと」「ことばで人に助けを求めたこと」をほめてあげましょう。子ども自身が「ひとりでできる」ことが嬉しく感じるように工夫しましょう。「踏んばれた経験」「ひとりでできた経験」の積み重ねが社会的場面での自信の土台となります。

家庭でできることは?

「～しなさい」「～してはダメ」ばかりになっていませんか?
子どもが言いたいことを、親が先取りしていませんか?
子どもが答える時間をゆっくりとっていますか?
大人でも、失敗したりヘマしたりすることを子どもに見せていますか?
子どもにとって、よいコミュニケーションのモデルになっていますか?
子どもとの今日をたっぷり楽しんでいますか?
落ち込むこともあるでしょう。
でも、なっちゃんのママといっしょに、
あなたはあなたの明日に向かって、
少しずつチャレンジしていきませんか?

今の小さな一歩一歩を見つめましょう

おわりに

私たち保護者は、子どもの状態に『場面緘黙』という名前があることを知った時、「どこに行けば、わが子を治してもらえるのか？」と考えます。そして、多くの人が相談機関や病院を探すでしょう。

ところが、場面緘黙の支援や治療に詳しい専門家は日本では数少なく、見つけたとしても遠方だったり、数ヶ月の予約待ちだったり、希望者が多くて予約受付さえできないことがあるようです。場面緘黙は早期発見、早期支援が重要と言われています。しかし、保護者が早い時期にわかったとしても、相談できるところがなかなか見つからないのが現状のようです。

園や学校、健診や相談機関からは「様子を見ましょう」「見守っていきましょう」とだけ言われることも多いようです。しかし、ただ見守っているだけで場面緘黙の症状が改善される保証はどこにもありませんので、保護者にはすぐに支援をはじめてほしいと思います。

保護者が子どもの気もちに寄り添い、周りの環境を整え、園や学校から適切な対応を引き出すことができれば、場面緘黙はきっと改善できると私は信じています。

本書は、『なっちゃんの声』で医学解説を書いてくださいました金原洋治先生に監修をしていただき、かんもくネット代表の角田圭子さんに本文をご協力いただきました。また、私の娘に構成やイラストを手伝ってもらい、かんもくネット会員の方々にもご協力いただきました。そして、『なっちゃんの声』に引き続き、今回も学苑社の杉本哲也さんには大変お世話になりました。みなさんに心より感謝申し上げます。

場面緘黙の子どもへの支援は、長期にわたることが多いです。保護者も「どうして自分だけ……」と、苦しくて前を向けなくなるときも、心が折れそうになるときもあるかもしれません。でも、子どものおかげで新しい世界を知り、素晴らしい人達と出会い、そして自らも成長することができてよかったと、心からそう思える日がいつか必ずやって来ると思います。

２０１３年７月

元場面緘黙児保護者　はやし みこ

監修者

金原 洋治（かねはら ようじ）

かねはら小児科院長。かんもくネット会員。昭和50年山口大学医学部卒。済生会下関総合病院勤務後、平成10年かねはら小児科開業。クリニックで「発達支援室ベースキャンプ」を開設し、臨床心理士や作業療法士とともに心の問題や発達の問題の相談を行なっています。500例以上の場面緘黙の相談を受けています。医療・教育・保育関係など多くの方々に場面緘黙の子どもたちのことを知ってほしいと願い、学会発表や講演などを積極的に行なっています。

著者

はやし みこ

元場面緘黙児の保護者。著書に『なっちゃんの声—学校で話せない子どもたちの理解のために』（学苑社）。

編者

かんもくネット（Knet）

場面緘黙児支援のための情報交換ネットワーク団体。緘黙児の家族、場面緘黙経験者、教育や医療関係者などの会員からなり、心理士と元緘黙児の保護者が事務局を運営しています。かんもくネットは、場面緘黙に関する知識や実践の情報交換と、多くの方に場面緘黙を知ってもらうための活動を行なっています。詳しくは、かんもくネットhttps://kanmoku.org/　まで。

装丁:有泉武己

どうして声が出ないの？

―マンガでわかる場面緘黙―

2013年 9 月 5 日　初版第 1 刷発行
2024年 10月10日　初版第 11 刷発行

監修者　金原洋治
著者　はやしみこ
編者　かんもくネット
発行者　杉本　哲也
発行所　株式会社　学 苑 社
東京都千代田区富士見 2-10-2
電話㈹　03（3263）3817
fax.　03（3263）2410
振替　00100-7-177379

印刷・製本 株式会社シナノパブリッシングプレス

ISBN978-4-7614-0755-1

場面緘黙

なっちゃんの声

学校で話せない子どもたちの理解のために

はやしみこ【ぶんとえ】
金原洋治【医学解説】
かんもくネット【監修】

B5 判●定価 1760 円

本編 21 ページ＋本書を手にされたあなたへ＋クラスのみなさんへ＋医学解説 5 ページの構成。子どもたちの素朴な疑問にやさしく答える絵本。

場面緘黙

場面緘黙 Q＆A

幼稚園や学校でおしゃべりできない子どもたち

かんもくネット【著】
角田圭子【編】

B5 判●定価 2090 円

保護者と教師が場面緘黙を分かりやすく理解するための基本的な情報を網羅。「話さない」のではなく「話せない」子どもたちのために。

場面緘黙

幼稚園や学校で話せない子どものための

場面緘黙支援入門

園山繁樹【著】

四六判●定価 1760 円

著者の実践を交えながら、場面緘黙の子どもたちが経験する「困った場面」の解消方法や、「話せる」に向けた具体的な支援を紹介。

場面緘黙

臨床家のための

場面緘黙
改善プログラム

高木潤野【著】

B5 判●定価 2530 円

研究成果に基づいた「本人との共同作業で行う」プログラムを詳細に解説。「話せるようになりたい」という思いに応える 1 冊。

場面緘黙

かんもくの声

入江紗代【著】

四六判●定価 1760 円

誰にも話せなかった場面緘黙の悩み。同じ悩みをもつ人へ「あなたは孤独ではない」と語りかける。「声にならない声を伝える」。

発達障害の絵本

そらをとびたかった
ペンギン

だれもが安心して存在できる社会へ

申ももこ【作】　shizu【協力】
はやしみこ【絵】
佐藤恵子【解説】

B5 判●定価 1760 円

とべないペンギン、モモが主人公の絵本。解説も収録。多様性を尊重し受容することを考える。星山麻木先生（明星大学教授）推薦！

税 10%込みの価格です

学苑社　Tel 03-3263-3817　Fax 03-3263-2410　〒 102-0071 東京都千代田区富士見 2-10-2　E-mail: info@gakuensha.co.jp　https://www.gakuensha.co.jp/